高等职业教育精品教材·财务会计专业

U0902112

会计综合实训

第③版

吴文青　王来根　主　编

唐文登　陈　智　程梅娟　刘青青　副主编

顾　惠　主　审

電子工業出版社

Publishing House of Electronics Industry

北京 · BEIJING

内容简介

《会计综合实训》（第 3 版）是一本全面仿真工业企业会计业务的综合型实训教材。教材内容分为 3 个模块：模块 1 介绍企业会计综合实训指导和模拟企业基本资料；模块 2 为实训主体部分，其内容涉及期初建账和企业供应、生产、销售、经营成果和利润分配等主要会计业务核算，及记账、对账、结账与凭证账簿归档等内容；模块 3 为相关会计报表编制。通过本教材的实训操作，可以模拟完成企业主要经济业务的会计核算、成本计算及相关会计报表的编制等。

本书不仅可以作为高等职业院校、高等专科院校及成人教育会计专业和经管类其他专业学生的教材，还可供企业财务会计人员及财政、税务、审计等部门工作人员参考使用。

图书在版编目（CIP）数据

会计综合实训 / 吴文青，王来根主编. —3 版. —北京：电子工业出版社，2019.6

ISBN 978-7-121-35271-3

Ⅰ. ①会… Ⅱ. ①吴… ②王… Ⅲ. ①企业管理—会计—高等职业教育—教材 Ⅳ. ①F275.2

中国版本图书馆 CIP 数据核字（2018）第 240996 号

责任编辑：裴 杰
印 刷：北京盛通数码印刷有限公司
装 订：北京盛通数码印刷有限公司
出版发行：电子工业出版社
北京市海淀区万寿路 173 信箱 邮编 100036
开 本：787×1 092 1/16 印张：16 字数：409.6 千字
版 次：2006 年 3 月第 1 版
2019 年 6 月第 3 版
印 次：2024 年 1 月第 5 次印刷
定 价：48.50 元

凡所购买电子工业出版社图书有缺损问题，请向购买书店调换。若书店售缺，请与本社发行部联系，联系及邮购电话：（010）88254888，88258888。

质量投诉请发邮件至 zlts@phei.com.cn，盗版侵权举报请发邮件至 dbqq@phei.com.cn。

本书咨询联系方式：（010）88254019。

前言

高等职业教育强调职业性、实用性，其培养过程要求理论和实践相结合，但由于会计工作原则和会计资料保密性的限制，会计专业的学生很难找到实习单位或在实习单位得不到实务操作机会，使实习流于形式，达不到培养学生会计实务操作能力的预期目的。通过多年的会计专业教学，我们深切地体会到，要提高会计专业教学质量，必须加强会计实训教学力度和会计实训设施建设，编写高质量实训教材，搭建会计理论教学和会计实务操作之间的桥梁，解决会计专业学生实习难题。

会计实训教材是高等职业院校会计类专业实施教学、培养职业能力的重要帮手，会计实训教材要随会计、税收法律法规的发展，不断进行改革和创新，体现先进的教学思想及实用性。

《会计综合实训》自2006年出版以来，我国会计相关法律环境发生了重大变化，期间虽于2011年修订出版了第二版，但2014年以来部分企业会计准则的修订和2016年“营改增”政策的出台，对会计理论和实践有重大的指导作用，为了突出会计职业能力的培养，使实训教材具有更好的仿真性和实践性，建设融“教学做”为一体的优质会计实训教材，我们再次对本书进行修改和充实，并力求资料的系统性、完整性和可操作性，使教材内容更为充实，体系更为完整，有助于培养学生的动手能力。修订后的教材具有以下特点。

（1）教材内容完整体现设置账户、填制和审核凭证、登记账簿、成本计算、财产清查、期末结账对账、编制会计报表等会计工作程序。

（2）突出内容的新颖性。根据2006年颁布的《企业会计准则》、2014年以后对企业会计准则的修订和2016年“营改增”政策，以及财政部2016年发布的《增值税会计处理规定》等，对相关内容进行了修订，使教材内容具有新颖性和可操作性。

（3）突出实习业务的全面性。按新颁布的《增值税会计处理规定》和企业会计准则修订内容补充了新的实训内容，提供了类型全面的企业经济业务；并对部分会计凭证等会计实训资料进行修改和补充。

（4）突出实习业务的综合性。增加了培养学生职业判断能力的业务，如各种资产减值准备的计提，预计负债的计提、金融资产和投资性房地产的核算、递延所得税资产和递延所得税资产负债的核算等。

（5）突出内容的实践性。本书编者除具有丰富的会计教学经验，还具备注册会计师、注册评估师、高级会计师、会计师资格，拥有丰富的会计实践经验。在调研、编写过程中，聘请合肥燕庄食用油有限公司财务总监陈平安、合肥中徽会计师事务所所长何祖兰、合肥瀛和会计师事务所所长刘移风为顾问，他们为本书的编写提供了中肯的建议和大量的素材，使实训能与实践接轨，增加了教材的实践特色。

总之，在对本教材改编的过程中，我们做了大胆的尝试，力图对企业会计综合实训教学起到一定的促进作用。本书票据均为模拟仿真票据，仅供参考。

本教材为安徽省教育厅2012年省级质量工程项目“会计电算化专业综合改革试点”（编号2012jyxm812）、安徽省教育厅2016年“会计专业校企合作生产性实训基地建设项目”、安徽省教育厅2016年高等学校省级质量工程名师（大师）工作室项目“王来根名师工作室”（编号2016msgzs029）、2017年度安徽高校人文社会科学研究项目“大众创业万众创新常态下高职会计专业教学模式改革研究（编号SK2017A0914）”的研究成果。

本书由吴文青、王来根担任主编，负责全书的组织和编写；唐文登、陈智、程梅娟、刘青青任副主编。

编　者

目 录

模块 1
会计综合实训指导及基本资料

任务 1.1 会计综合实训的目的和要求

1．实训目的

通过对企业会计综合实训资料的实际操作，使学生在掌握会计理论和基本账务处理方法的基础上，能够系统地掌握企业会计核算的基本程序和具体方法，将所学会计理论知识与会计工作实践相结合；能加强学生对会计学基本理论知识的理解，培养会计实务操作能力等专业基本功，达到使学生全面、正确地理解从填制凭证到编制财务报告这一会计流程中的会计程序和步骤的目的，为将来从事会计工作奠定良好的基础。同时，丰富和完善专业实践教学体系，培养学生独立思考、分析问题、解决问题的能力，达到理论教学和会计实务的有机结合。

2．实训要求

（1）按财政部 2006 年颁布的《企业会计准则》的规定设置会计科目。

（2）启用账簿时，按规定在账簿封面上注明单位名称、账簿所属年度、账簿名称等。在账簿扉页上详细载明单位名称、账簿编号、账簿册数、账簿共计页数、启用日期，加盖单位公章，并由企业负责人、财务负责人、主管会计、复核和记账人员等账簿经管人员签名或盖章。

（3）根据建账资料提供的 2019 年 12 月初各账户余额和企业实际发生的经济业务，开设总分类账户、明细分类账户及现金日记账和银行存款日记账，并将期初余额过入各有关账户的余额栏。账页的格式按建账资料的规定设置。

（4）使用通用记账凭证，根据经济业务发生的先后按月顺序编号。记账凭证必须根据真实、完整并经审核无误的原始凭证编制。同时将原始凭证附在记账凭证后面，以备查考。

（5）严格按《中华人民共和国会计法》《企业会计准则》《会计基础工作规范》的规定填制、审核会计凭证、登记账簿、对账、结账和编制会计报表，记账如发生错误，应按规定的错账更正方法进行更正。

（6）企业会计综合实训附有所需要的核算资料和原始凭证，一部分原始凭证如现金支票、转账支票及收料单等，需要在实习过程中根据企业发生的业务按原始凭证填制要求自行填写，为防止篡改出票日期，银行结算凭证的填制日期须用大写汉字；一部分原始凭证如制造费用分配表、成本计算单等须按资料中规定的会计政策和会计方法计算后填写。

（7）会计凭证、会计账簿和会计报表项目的填制要准确、及时、完整，文字、数字的书写应工整、清晰、规范，所有文字、数字除按规定必须使用红色墨水书写外，应使用蓝（黑）色墨水书写，不得使用铅笔或圆珠笔（复写凭证除外）。

（8）月度终了，编制资产负债表、利润表和现金流量表。

（9）月度终了，会计凭证按会计档案管理要求装订成册。

（10）配备专业的实训教师，全程指导学生建账、编制会计凭证、登记账簿、编制会计报表。

（11）在实训过程中应客观真实地反映企业经济业务，养成谨慎的会计职业作风和遵纪守法、保守机密、自警自律等会计职业纪律。

3. 实训组织形式

（1）分组完成。

分组完成有利于模拟会计分工，明确责任，加强学生对会计内部控制制度的了解。按会计内部控制制度的要求，分组至少 2 人一组，各有分工，相互制约，有助于实训过程的规范化和会计记录的正确性。

（2）分组轮岗完成。

4 人一组，设财务主管、记账会计、制证会计、出纳会计等岗位，由指导教师为小组每一成员指定会计岗位、岗位职责、轮换时间和轮换次序，在分工、牵制的基础上共同完成综合实训。能使学生了解会计内部控制制度的同时，熟悉各会计岗位的职责。

（3）一人独立完成。

即每人均要独立完成会计综合实训的全过程，在实训中担任所有会计岗位的工作。一人独立完成有利于学生全面地掌握企业会计实务程序、步骤和方法，实训效果较好。

4. 实训步骤

按照科目汇总表会计核算程序进行实训，实训包括编制记账凭证、登记账簿、编制财务会计报告等步骤。

（1）根据期初余额等资料开设账户、设置账簿，并登记期初余额。

总账采用订本式账簿，按《企业会计准则》会计科目表中的会计科目顺序设置总账，现金日记账和银行存款日记账采用订本式账簿；所有总账账户均应设置明细账户，并按规定格式采用活页式账簿。有期初余额的，将期初余额记入账户。

（2）根据经济业务编制记账凭证。

根据本次实训的会计主体——安徽惠源电子有限公司 2019 年 12 月发生的经济业务及取得的原始凭证，按照时间的先后顺序编制记账凭证，根据记账凭证，编制科目汇总表；记账凭证、科目汇总表按月顺序编号。

（3）根据记账凭证及所附原始凭证登记日记账、明细分类账；根据科目汇总表登记总分类账。月终，办理对账和结账。

（4）编制会计报表。

根据总分类账和明细分类账等有关资料，编制 2019 年 12 月 31 日的资产负债表和 2018 年度利润表、现金流量表。

（5）整理、装订会计资料，撰写实训报告。

任务1.2 模拟工业企业基本情况

1．企业名称、类型、注册资金、经营范围等

企业名称：安徽惠源电子有限公司
注册地址：合肥市蜀山区泰和路158号
法定代表人：景方园
注册资金：人民币1 500万元
企业类型：有限责任公司
行　　业：电子工业
联系电话：0551-55000001　55000011
E-mail：AHHY@sina.com.cn
记账本位币：人民币（元）
经营范围：生产、销售接收机、混合器两种产品
统一社会信用代码：91340104100012345N

2．开户银行及账号

（1）基本存款账户：中国光大银行蜀山支行；账号：23010001。
（2）一般存款账户：中国建设银行安徽分行营业部；账号：34010001。

3．内部机构设置

（1）安徽惠源电子有限公司内设办公室、财务部、人力资源部、采购部、销售部、生产技术部、一车间、二车间、装配车间和机修车间。总经理景方园，办公室主任黄奇，财务部经理唐志诚，人力资源部经理闻玉，采购部经理陶远方，销售部经理刘方，生产技术部经理章明清，一车间主任雷鸣，二车间主任谢中兴，装配车间主任方类龙，机修车间主任苏小清。一车间、二车间和装配车间为基本生产车间，机修车间为辅助生产车间。办公室、财务部、人力资源部、生产技术部发生的费用作为管理费用；采购部发生的费用除了可以计入材料采购成本的，其余作为管理费用；销售部发生的费用作为销售费用；一车间、二车间、装配车间和机修车间发生的费用计入生产成本及制造费用。

（2）会计机构设置及人员分工。安徽惠源电子有限公司设置财务部，办理本单位的会计工作。财务部经理唐志诚，负责制定公司的会计政策和会计方法、财务管理制度、资金的筹集和运用，参与公司预算的制定、费用定额的制定和审核，公司内外财务工作的协调。财务主管陈慧，负责会计凭证审核、登记总账、编制报表；李国忠负责收入、费用、债权债务的核算和纳税申报；柏茹负责对外投资、固定资产、生产成本、存货、工资的核算；出纳会计杨瑶霞，负责办理现金、银行存款结算业务和现金日记账、银行存款日记账的登记工作。

任务 1.3 企业会计政策和核算方法

1．会计核算方法

安徽惠源电子有限公司按《中华人民共和国会计法》和《企业会计准则》规定进行会计核算，以权责发生制为核算基础，记账方法为借贷记账法，以人民币为记账本位币，会计年度为日历年度。

安徽惠源电子有限公司采用科目汇总表账务处理程序，2019 年 12 月 15 日、30 日、31 日编制科目汇总表并据以登记总账，账务处理程序如图 1.1 所示。

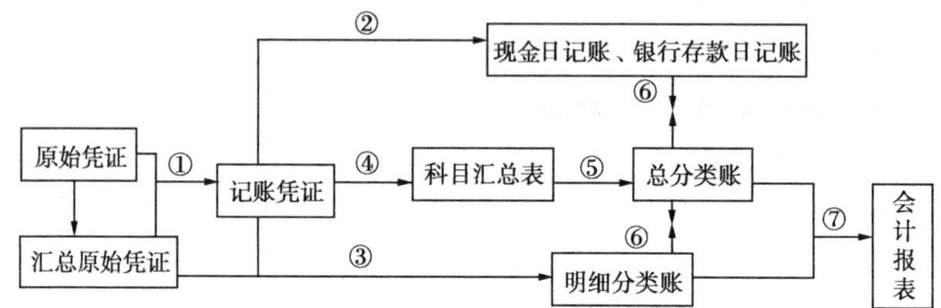

① 根据原始凭证或汇总原始凭证填制记账凭证。

② 根据记账凭证及其所附的原始凭证登记现金日记账和银行存款日记账。

③ 根据记账凭证及其所附的原始凭证或原始凭证汇总表登记各种明细分类账。

④ 根据记账凭证编制科目汇总表。

⑤ 根据科目汇总表登记总分类账。

⑥ 期末，将现金日记账、银行存款日记账和各种明细分类账与总分类账的发生额和余额核对相符。

⑦ 期末，根据总分类账和明细分类账编制会计报表。

图 1.1 账务处理程序

2．货币资金的核算

货币资金的管理和核算，必须严格按财政部颁布的《企业内部控制规范》的规定办理。

（1）现金管理必须遵循钱账分管、钱票分管的原则，会计管账票，出纳管钱。加强与货币资金相关的票据的管理，明确各种票据的购买、保管、领用、背书转让、注销等环节的职责权限和程序，并专设登记簿进行记录，防止空白票据的遗失和被盗用。加强银行预留印鉴的管理，财务专用章应由专人保管，个人名章由本人或其授权人员保管，严禁一人保管支付款项所需的全部印章。

（2）按现金管理办法规定的范围使用现金，安徽惠源电子有限公司核定的库存现金限额为 4 000 元，要随支随取，及时补充限额，从银行提取现金时，应如实写明现金的用途，由本单位会计部门负责人签字盖章，经开户银行审查后支付；超过库存现金限额的现金当天要及时存入银行；严禁坐支现金；严禁“白条抵库”，不准保留账外公款。

（3）收入现金必须向对方开具收款票据作为收款凭据，并在票据上加盖“现金收讫”戳记；支付现金必须有收款人或经办人签字的凭证；支付给职工的费用报销款及现金借款由有审批权的领导在费用报销封面、差旅费报销单、借款单上批准签字，作为付款凭据，并在票据上加盖“现金付讫”戳记。

（4）对货币资金业务建立严格的授权批准制度。通过银行支付的款项，必须按经济业务流程填写“付款申请书”，按规定的审批手续经领导签字批准后，方可转账付款。经济业务流程如图 1.2 所示。

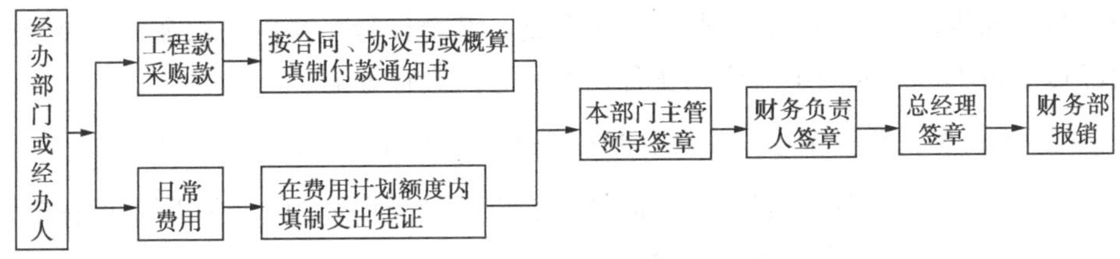

图 1.2　经济业务流程

（5）出纳必须及时登记现金、银行存款日记账，核对收入、支出和余额，并与库存现金核对相符，确保货币资金安全。月末，会计要与出纳核对现金余额和银行存款余额，做到账账相符、账实相符。

（6）签发支票时，不准开具空白支票和空头支票。如果确实无法填写收款人名称或姓名及金额，必须在支票上注明出票日期、款项用途及限额。

3．材料费用核算方法

（1）材料按实际成本核算，其分类项目为：原材料（分为主要材料、辅助材料两类）、周转材料、自制半成品，以下按品种进行明细核算。

（2）周转材料（生产工具、修理工具等低值易耗品）摊销方法采用一次转销法。

（3）安徽惠源电子有限公司设原材料仓库、自制半成品仓库和产成品仓库，各仓库按原材料、自制半成品和产成品的类别、品种设实物明细账，由仓库保管员负责登记，财务部按原材料、自制半成品和产成品的类别、品种设数量金额式存货明细账，由记账会计负责登记。

（4）收入材料必须办理入库手续，填制原材料入库单。原材料入库单应一式三联，第一联为存根联，由仓库留存，据以逐笔登记原材料实物账；第二联为记账联，交财务部作为核算材料入库的依据；第三联为备查联，交采购部门留存。自制半成品、产成品完工应办理入库手续，填制自制半成品、产成品入库单，自制半成品、产成品入库单一式三联，第一联为存根联，由仓库留存，据以登记实物账；第二联为记账联，交财务部作为核算自制半成品入库的依据，第三联为备查联，交车间留存。

（5）发出原材料、自制半成品时必须办理出库手续，填制领料单。原材料、自制半成品领料单应一式三联，第一联为存根联，由仓库留存，据以登记原材料实物账；第二联为记账联，交财务部编制材料（自制半成品）发出汇总表，财务部以材料（自制半成品）发出汇总表作为编制记账凭证、分配材料费用的依据；第三联为备查联，交领料部门留存。

（6）月末，根据领料单采用加权平均法编制“材料（自制半成品）发出汇总表”，结算发出材料实际成本，登记材料、自制半成品明细账。在建工程领用的材料和盘盈、盘亏的材料可按月初材料实际成本计算。

（7）每季度对存货进行一次盘点，每年 12 月份进行一次全面财产清查。财务部门根据财产清查结果编制“盘盈、盘亏报告单”，查明原因后，经领导批准后进行账务处理。

4．人工费用核算方法

企业发生的职工工资、福利费、养老保险、失业保险、医疗保险、住房公积金、工会经费、职工教育经费等人员费用应按职工所在部门及受益对象分别计入当期产品成本和期间费用；各车间生产工人的工资、奖金、福利费、社会保险、住房公积金、工会经费、职工教育经费等按生产工人的工时比例在各种产品之间进行分配。

5．职工福利费、社会保险、住房公积金和工会、职工教育经费的计提

职工福利费应当根据历史经验和实际情况合理预计当期金额，并按职工所在部门及受益对象分别计入当期产品成本和期间费用。

社会保险、住房公积金和工会、职工教育经费计提标准如表 1.1 所示。

表 1.1　社会保险、住房公积金和工会、职工教育经费计提标准

项　目	计提基数	计提比例
养老保险	本月工资总额	16%
失业保险	本月工资总额	1%
医疗保险	本月工资总额	7%
工伤保险	本月工资总额	0.4%
生育保险	本月工资总额	1%
住房公积金	本月工资总额	10%
工会经费	本月工资总额	2%
职工教育经费	本月工资总额	1.5%

6．资产减值准备的计提

按照《企业会计准则》规定，从谨慎性原则考虑，企业应在资产负债表日判断下列各项资产是否存在发生减值的迹象，对于发生减值的资产应提取减值准备。

（1）年末对应收款项的账面价值进行检查，应收款项发生减值的，应当将应收款项的账面价值减记至预计未来现金流量现值，减记的金额确认减值损失，计提坏账准备。

（2）年末存货按成本和可变现净值孰低计量，存货成本高于可变现净值的，分类计提存货跌价准备，当期发生的存货跌价准备计入资产减值损失。

（3）年末长期股权投资按其可收回金额低于账面价值的差额，计提减值准备，当期发生的长期股权投资减值准备计入资产减值损失。

（4）年末固定资产按其可收回金额低于账面价值的差额，分项计提减值准备，当期发生的固定资产减值准备计入资产减值损失。

（5）年末无形资产按其可收回金额低于账面价值的差额，分项计提减值准备，当期发生的无形资产减值准备计入资产减值损失。

7．固定资产的核算

（1）安徽惠源电子有限公司对固定资产按其经济用途划分为生产经营用固定资产、非生产经营用固定资产和租出固定资产。

生产经营用固定资产指直接服务于企业的生产、经营过程，单位价值在 2 000 元以上、

使用年限在一年以上的房屋、建筑物、机器设备、运输工具等。非生产经营用固定资产指不直接服务于企业的生产、经营过程，单位价值在 2 000 元以上的房屋、建筑物、机器设备、其他固定资产等。

（2）折旧政策。固定资产按年限平均法分类计提折旧，各类固定资产的预计使用年限和预计净残值率如表 1.2 所示。

表 1.2　固定资产预计使用年限和预计净残值率

项　　目	预计使用年限（年）	预计净残值率
房屋、建筑物	40	5%
机器设备	10	3%
电子设备	5	0
管理设备	5	3%
运输工具	8	5%
非生产经营设备	10	5%

（3）《企业会计准则》规定：当月增加的固定资产当月不计提折旧，当月减少的固定资产当月照提折旧。

（4）固定资产后续支出。固定资产的后续支出指固定资产在使用过程中发生的更新改造支出、修理费用等。固定资产的更新改造等后续支出，满足固定资产确认条件的，计入固定资产成本；不满足固定资产确认条件的固定资产修理费用等，应当在发生时计入当期损益。

（5）固定资产增加必须填制验收单，并由采购部门、使用部门、财务部门签字确认；出售或报废固定资产必须经相关部门及企业领导同意，并办理有关手续。

8．制造费用和辅助生产成本的分配方法

（1）制造费用的分配方法：各车间的制造费用按生产工人工时比例在各受益产品之间进行分配。

（2）辅助生产成本的分配方法：机修车间的辅助生产成本按各受益车间、部门实际耗用的修理工时比例进行分配。

企业各车间工时、产品产量资料如表 1.3 和表 1.4 所示。

表 1.3　生产工时明细表

2019 年 12 月　　单位：小时

车　　间	合　　计	产 品 名 称	6 月份生产工时
一车间	3 360	CPU	1 750
		中频处理器	1 610
二车间	3 192	耦合器	1 590
		放大模块	1 602
装配车间	3 696	接收机	1 786
		混合器	1 910
机修车间	2 640	一车间	890
		二车间	850
		装配车间	900
合　　计	12 888		12 888

表 1.4　产品产量明细表

2019 年 12 月　　　　单位：台

车　间	产品名称	月初在产品	本月投产	本月完工	月末在产品	投料率	期末在产品完工率
一车间	CPU	340	600	700	240	100%	50%
	中频处理器	300	700	750	250	100%	50%
二车间	耦合器	300	700	800	200	100%	50%
	放大模块	250	750	800	200	100%	50%
装配车间	接收机	190	800	810	180	100%	50%
	混合器	240	800	850	190	100%	50%
合　计		1 620	4 350	4 710	1 260	—	—

9．产品制造成本的计算方法

（1）产品构成与生产工艺流程。

一车间生产接收机的主要配件 CPU 和中频处理器，CPU 由 1#芯片、2#芯片以及线路板构成；中频处理器由 3#芯片和 4#芯片构成；两种产品的辅助材料为铜丝、电焊条。

二车间生产混合器的主要配件耦合器和放大模块，耦合器由电感和电阻构成；放大模块由 5#芯片和 6#芯片构成；两种产品的辅助材料为铜丝、电焊条。

装配车间负责组装接收机、混合器，接收机主要由高频器、CPU、中频处理器和机箱构成；混合器主要由耦合器、放大模块和机箱构成；两种产品的辅助材料为铜丝、电焊条和钢材。

CPU、中频处理器、耦合器和放大模块等自制半成品完工检验合格后送半成品库，办理验收入库手续。装配车间领用时应办理自制半成品出库手续，接收机、混合器组装完工检验合格后送成品仓库，办理验收入库手续。

机修车间负责公司各部门机器设备的维修。

（2）产品成本核算流程如图 1.3 所示。

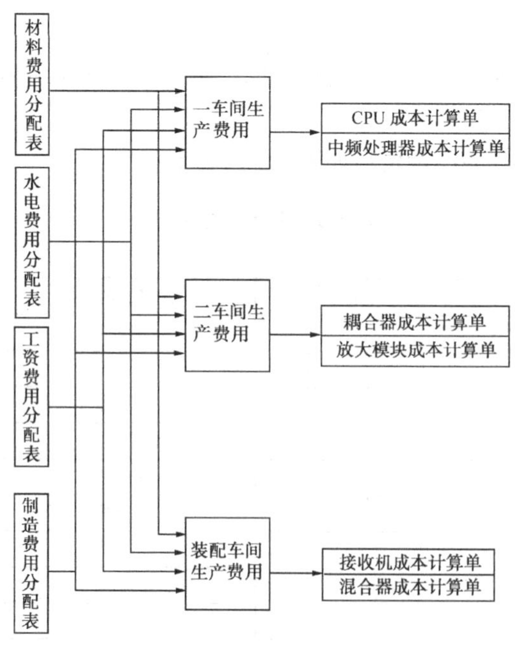

图 1.3　产品成本核算流程

① 产品成本由公司集中核算，各车间提供成本计算的原始资料，公司财务部负责成本核算。各车间成本计算采用品种法，公司成本计算采用分步法。

② 一车间以 CPU、中频处理器作为成本计算对象，二车间以耦合器和放大模块作为成本计算对象。

③ 装配车间以接收机、混合器作为成本计算对象，一车间、二车间和装配车间之间采用逐步结转分步法结转产品成本。

（3）在产品成本计算方法。生产费用在完工产品与在产品之间的分配采用约当产量法。一车间的 CPU 和中频处理器，二车间的耦合器和放大模块，装配车间的接收机和混合器所耗用的材料均在生产开始时一次性投入，完工产品和月末在产品均视同完工程度为 100%的产品，参与分配材料费用；直接人工费用、制造费用等加工费用均按 50%的完工程度计算分配月末在产品的直接人工费用和制造费用。

（4）品种法的计算步骤。

① 开设成本明细账，账内按费用要素设置成本项目进行明细核算。

② 分配各种要素费用，登记生产成本、制造费用明细账。

③ 分配辅助生产费用。

④ 分配基本生产车间制造费用。

⑤ 分配各种完工产品成本和在产品成本。

⑥ 结转完工产品成本。

（5）逐步结转分步法的计算步骤。

逐步结转分步法按照成本在下一步骤成本计算单中的反映方式，分为综合结转和分项结转两种方法。安徽惠源电子有限公司使用综合结转法。

综合结转法，是指上一步骤转入下一步骤的半成品成本，以“直接材料”或专设“半成品”成本项目综合列入下一步骤的成本计算单中。安徽惠源电子有限公司专设半成品仓库，通过半成品仓库收发自制半成品，装配车间耗用的半成品单位成本采用加权平均法计算。

10. 产成品发出的核算及销售成本的计算方法

产成品发出时应办理出库手续，填制出库单。产成品出库单应一式三联，第一联为存根联，由仓库留存，据以登记库存商品实物账；第二联为记账联，交财务部作为登记库存商品数量金额式明细账和计算产品销售成本的依据；第三联为备查联，交销售部留存。

对于产成品的发出，平时不结转销售成本。月末，按加权平均法计算确定销售成本，销售成本指已销售产品的生产成本。

11. 各项税金和附加的计提依据和计提标准

各项税金和附加的计提基数和税率（征收率）如表 1.5 所示。

表 1.5 各项税金和附加的计提基数和税率

项　目	计 提 基 数	税率（征收率）
增值税	本月销售收入	13%
城市维护建设税	本月缴纳的增值税额	7%
教育费附加	本月缴纳的增值税额	3%
地方教育费附加	本月缴纳的增值税额	2%

续表

项　目	计提基数	税率（征收率）
企业所得税	应纳税所得额	25%
个人所得税	根据职工个人薪金所得，按七级超额累进税率代扣代缴	
印花税	根据不同税目适用相应税率	

12．长期股权投资的核算方法

（1）自2012年开始，安徽惠源电子有限公司持有恒顺印务有限责任公司25%的有表决权的资本，对恒顺印务有限责任公司的财务和经营政策有重大影响。按《企业会计准则》规定，该股权投资采用权益法进行核算。

（2）自2013年开始，安徽惠源电子有限公司持有永泰食品厂10%的有表决权的资本，对永泰食品厂的财务和经营政策均无重大影响，该投资在活跃市场中没有报价，公允价值不能可靠计量。按《企业会计准则》规定，该股权投资作为可供出售金融资产，采用成本法进行核算。

13．外币业务的核算方法

安徽惠源电子有限公司以人民币为记账本位币，对外币业务的记账方法为外币统账制。发生外币业务时，采用交易日的即期汇率，将外币金额折算为记账本位币。期末，将所有外币货币性项目金额，按照期末即期汇率折算为记账本位币金额，并与原记账本位币金额相比较，其差额确认为汇兑损益。

14．增值税的核算方法

安徽惠源电子有限公司为增值税一般纳税人，适用税率为13%。

现行增值税条例规定：交通运输业、基础电信服务、邮政服务、建筑服务业、土地及不动产租赁业等适用税率为9%，增值电信服务、金融服务、现代服务业、生活服务业等适用6%的税率。

15．所得税的核算方法

所得税的核算采用资产负债表债务法。

按《中华人民共和国企业所得税法》规定，企业所得税按年计算，分月或者分季度预缴，年终汇算清缴。安徽惠源电子有限公司适用25%的企业所得税税率。12月末对当年利润总额按税法规定进行调整，计算确定应纳税所得额、应交企业所得税和所得税费用、递延所得税资产及递延所得税负债。

16．借款费用的核算方法

安徽惠源电子有限公司因一车间扩建工程向中国建设银行和中国光大银行借入专项长期借款，两项专门借款发生的利息等借款费用，符合会计准则规定的借款费用确认原则和借款费用资本化的条件，本期专项长期借款发生的利息费用应予以资本化。

17．公允价值的应用

安徽惠源电子有限公司对交易性金融资产和投资性房地产采用公允价值模式进行计量，期末，公允价值和账面价值之间的差额作为公允价值变动损益处理。

模块 2

企业经济业务核算实训

任务 2.1 期初建账资料

一、总账和明细账的期初余额

安徽惠源电子有限公司 2019 年 12 月总账和明细账的期初余额如表 2.1 至表 2.6 所示。

表 2.1 总账和明细账的期初余额表

2019 年 12 月　　单位：元

一级科目	二级科目	明细科目	借方余额	贷方余额	账页格式
库存现金			2 150.00		三栏式
银行存款			3 397 220.50		三栏式
		光大银行	2 743 216.78		三栏式
		建设银行	654 003.72		三栏式
其他货币资金			160 000.00		三栏式
		信用卡存款	30 000.00		三栏式
		存出投资款	130 000.00		三栏式
		银行汇票存款			三栏式
交易性金融资产			120 000.00		三栏式
	股票投资	成本	120 000.00		三栏式
		公允价值变动			三栏式
	债券投资				三栏式
应收票据			234 000.00		三栏式
	商业承兑汇票	南京三花公司	175 500.00		三栏式
		合肥昌达元件厂			三栏式
	银行承兑汇票	芜湖惠普公司	58 500.00		三栏式
应收账款			672 250.00		三栏式
		蚌埠智能公司	58 500.00		三栏式
		合肥华普有限公司	87 250.00		三栏式
		安庆东方电子公司	234 000.00		三栏式
		上海家华公司	58 500.00		三栏式
		湖北安天机械厂	234 000.00		三栏式
		芜湖惠普公司			三栏式
		南京三花公司			三栏式

续表

一级科目	二级科目	明细科目	借方余额	贷方余额	账页格式
其他应收款			5 500.00		三栏式
		销售部备用金	2 000.00		三栏式
		采购部陈新	2 000.00		三栏式
		人力资源部闻玉	1 500.00		三栏式
		王芳			三栏式
坏账准备				10 000.00	三栏式
预付账款			20 000.00		三栏式
		南京志邦公司	20 000.00		三栏式
		预付保险费			三栏式
		合肥朝阳工具厂			三栏式
在途物资			80 000.00		三栏式
	主要材料	高频器	80 000.00		横线登记式
原材料			406 960.00		三栏式
	原料及主要材料	详细资料见表 2.2	363 160.00		数量金额式
	辅助材料	详细资料见表 2.3	43 800.00		数量金额式
周转材料			35 200.00		三栏式
	生产用低值易耗品	详细资料见表 2.4	35 200.00		数量金额式
	办公用低值易耗品				数量金额式
委托加工物资			4 600.00		三栏式
		铜丝（100 千克）	4 600.00		数量金额式
自制半成品			228 100.00		三栏式
		CPU 等（详细资料见表 2.5）	228 100.00		数量金额式
库存商品			955 000.00		三栏式
		接收机等（详细资料见表 2.6）	955 000.00		数量金额式
存货跌价准备					三栏式
生产成本			427 684.90		三栏式
	基本生产成本	CPU（详细资料见表 2.8）	50 324.30		多栏式
		中频处理器（详细资料见表 2.8）	55 003.28		多栏式
		耦合器（详细资料见表 2.8）	38 487.70		多栏式
		放大模块（详细资料见表 2.8）	48 109.62		多栏式
		接收机（详细资料见表 2.8）	153 255.00		多栏式
		混合器（详细资料见表 2.8）	82 505.00		多栏式
	辅助生产成本	机修车间（详细资料见表 2.9）	0.00		多栏式

续表

一级科目	二级科目	明细科目	借方余额	贷方余额	账页格式
制造费用					三栏式
	一车间等	详细资料见表 2.10			多栏式
可供出售金融资产			50 000.00		三栏式
		永泰食品厂股权投资	50 000.00		三栏式
长期股权投资			475 000.00		三栏式
	恒顺印务有限公司	成本	450 000.00		三栏式
		损益调整	25 000.00		三栏式
在建工程			815 000.00		三栏式
		一车间扩建工程	815 000.00		三栏式
固定资产价			18 265 000.00		三栏式
	房屋、建筑物		5 320 000.00		三栏式
	机器设备		6 376 000.00		三栏式
	电子设备		2 873 000.00		三栏式
	管理设备		1 225 600.00		三栏式
	运输工具		965 400.00		三栏式
	非生产设备		1 505 000.00		三栏式
累计折旧				3 739 750.00	三栏式
投资性房地产			500 000.00		三栏式
	商用房	成本	500 000.00		三栏式
		公允价值变动			三栏式
长期待摊费用			581 949.20		三栏式
		经营租入固定资产改良支出	581 949.20		三栏式
无形资产			492 000.00		三栏式
		非专利技术	492 000.00		三栏式
		专利技术	0.00		三栏式
累计摊销				287 000.00	三栏式
研发支出			62 000.00		三栏式
	资本化支出		62 000.00		三栏式
递延所得税资产			0.00		三栏式
资产总计			23 952 864.60		
短期借款				200 000.00	三栏式
		光大银行		200 000.00	三栏式
应付票据				409 500.00	三栏式
	商业承兑汇票	芜湖通用机械厂		175 500.00	三栏式
	银行承兑汇票	马鞍山钢铁公司		234 000.00	三栏式
应付账款				1 135 270.00	三栏式
		上海宝申有限公司		325 640.00	三栏式
		马鞍山钢铁公司		578 520.00	三栏式
		南京合力有限责任公司		231 110.00	三栏式
		美国汤姆公司			三栏式

续表

一级科目	二级科目	明细科目	借方余额	贷方余额	账页格式
预收账款				10 000.00	三栏式
		南京嘉乐公司		10 000.00	三栏式
应付职工薪酬				265 688.12	三栏式
	工资			0.00	三栏式
	职工福利			187 393.12	三栏式
	非货币性福利			20 475.00	三栏式
	辞退福利			0.00	三栏式
	社会保险				三栏式
		养老保险			三栏式
		失业保险			三栏式
		医疗保险			三栏式
		工伤保险			三栏式
		生育保险			三栏式
	住房公积金				三栏式
	工会经费			33 857.00	三栏式
	职工教育经费			23 963.00	三栏式
应付股利				0.00	三栏式
应交税费				141 916.00	三栏式
	应交增值税	进项税额等			多栏式
	未交增值税			123 450.00	三栏式
	应交城建税			8 641.50	三栏式
	应交企业所得税			0.00	三栏式
	应交个人所得税			3 652.00	三栏式
	应交教育费附加			3 703.50	三栏式
	应交地方教育费附加			2 469.00	三栏式
	应交房产税				三栏式
	应交印花税				三栏式
其他应付款				29 436.07	三栏式
		合肥瑶海建筑公司保证金		29 436.07	三栏式
	社会保险				三栏式
		养老保险			三栏式
		失业保险			三栏式
		医疗保险			三栏式
	住房公积金				三栏式
应付利息				1 666.66	三栏式
	借款利息	光大银行		1 666.66	三栏式
应付股利					三栏式
预计负债				10 000.00	三栏式
	产品质量保证			10 000.00	三栏式
		光大银行		300 000.00	三栏式
		建设银行		500 000.00	三栏式

续表

一级科目	二级科目	明细科目	借方余额	贷方余额	账页格式
长期借款				800 000.00	三栏式
递延所得税负债					三栏式
负债合计				3 003 476.85	
实收资本				15 500 000	三栏式
	国家资本金			10 500 000	三栏式
	法人资本金			5 000 000	三栏式
资本公积				550 000.00	三栏式
	资本溢价			250 000.00	三栏式
	其他资本公积			300 000.00	三栏式
盈余公积				865 329.00	三栏式
	法定盈余公积			865 329.00	三栏式
本年利润				1 955 478.15	三栏式
	主营业务收入等			1 955 478.15	多栏式
利润分配				2 078 580.60	三栏式
	未分配利润			2 078 580.60	多栏式
所有者权益合计				20 949 387.75	
负债和所有者权益合计				23 952 864.60	

表 2.2 原材料明细账期初余额表

2019 年 12 月 单位：元

二级科目	明细科目	数 量	计量单位	单 价	借方余额	账页格式
原料及主要材料	1#芯片	80	百片	200	16 000.00	数量金额式
	2#芯片	135	百片	180	24 300.00	数量金额式
	3#芯片	112	百片	300	33 600.00	数量金额式
	4#芯片	150	百片	205	30 750.00	数量金额式
	5#芯片	135	百片	196	26 460.00	数量金额式
	6#芯片	125	百片	190	23 750.00	数量金额式
	高频器	80	件	200	16 000.00	数量金额式
	电感	200	件	65	13 000.00	数量金额式
	电阻	500	件	56	28 000.00	数量金额式
	机箱	1 630	件	70	114 100.00	数量金额式
	线路板	1 240	件	30	37 200.00	数量金额式
合 计					363 160.00	

表 2.3　辅助材料明细账期初余额表

2019 年 12 月　　单位：元

二级科目	明细科目	数　量	计量单位	单　价	借方余额	账页格式
辅助材料	铜丝	350	千克	56	19 600.00	数量金额式
	电焊条	280	只	15	4 200.00	数量金额式
	钢材	2 000	千克	10	20 000.00	数量金额式
合　计					43 800.00	

表 2.4　周转材料明细账期初余额表

2019 年 12 月　　单位：元

一级科目	明细科目	数　量	计量单位	单　价	借方余额	账页格式
低值易耗品	生产工具 1#	80	只	215	17 200.00	数量金额式
	生产工具 2#	30	只	260	7 800.00	数量金额式
	修理工具 1#	42	只	150	6 300.00	数量金额式
	修理工具 2#	20	只	195	3 900.00	数量金额式
合　计					35 200.00	

表 2.5　自制半成品明细账期初余额表

2019 年 12 月　　单位：元

一级科目	明细科目	数　量	计量单位	单　价	借方余额	账页格式
自制半成品	CPU	280	件	238	66 640.00	数量金额式
	中频处理器	280	件	232	64 960.00	数量金额式
	耦合器	253	件	200	50 600.00	数量金额式
	放大模块	255	件	180	45 900.00	数量金额式
合　计					228 100.00	

表 2.6　库存商品明细账期初余额表

2019 年 12 月　　单位：元

明细科目	数　量	计量单位	单　价	借方余额	账页格式
接收机	720	台	840.23	604 965.00	数量金额式
混合器	700	台	500.05	350 035.00	数量金额式
合　计				955 000.00	

二、成本费用明细项目

管理费用、销售费用、财务费用，以及基本生产成本、辅助生产成本、制造费用的明细项目如表 2.7 至表 2.10 所示。

表 2.7　管理费用、销售费用、财务费用的明细项目

管理费用明细项目	销售费用明细项目	财务费用明细项目
工资福利费	工资福利费	手续费
办公费	办公费	利息支出
折旧费	折旧费	利息收入
交通费	交通差旅费	汇兑损益
业务招待费	广告宣传费	
水电费	水电费	

续表

管理费用明细项目	销售费用明细项目	财务费用明细项目
车辆费	业务费	
税费	运输费	
聘请中介机构费	展销费	
社会保险	产品质量保证	
住房公积金	社会保险	
职工教育经费	住房公积金	
工会经费	职工教育经费	
财产保险费	工会经费	
差旅费		
其他		

表 2.8 基本生产成本明细账期初余额表

单位：元

车 间	产品名称	自制半成品	直接材料费	直接人工费	制造费用	合 计
一车间	CPU		30 902.08	7 294.61	12 127.61	50 324.30
	中频处理器		33 775.25	7 972.84	13 255.19	55 003.28
二车间	耦合器		21 884.42	6 469.78	10 133.50	38 487.70
	放大模块		21 652.84	10 309.38	16 147.40	48 109.62
装配车间	接收机	79 980.00	52 374.79	14 583.00	6 317.21	153 255.00
	混合器	61 878.75	10 931.25	6 312.70	3 382.30	82 505.00

表 2.9 辅助生产成本明细项目表

单位：元

项 目	材料费	工资福利费	折旧费	水电费	办公费	其 他

表 2.10 制造费用明细项目表

单位：元

项 目	材料费	工资福利费	折旧费	修理费	水电费	办公费	其 他

三、建账方法

（一）会计账簿的启用和交接规则

1. 建立新账时，应在账簿封面上注明单位名称、账簿所属年度、账簿名称、本账页数等。

2. 为了明确记账责任，在启用新账时，应在账簿扉页“账簿启用和经管人员一览表”中，详细载明单位（企业）名称、账簿编号、账簿册数、账簿页数、启用日期等，加盖单位公章，企业负责人、财务负责人、主管会计、复核和记账人员等账簿经管人员均须签名盖章，其格式如表 2.11 所示。

3. 填写账户目录。总账应按照会计科目编号顺序填写科目名称和启用页号。明细分类账按照明细科目所属总分类会计科目填写科目名称和页码，各账户的起始页要加贴账签，以便登记账簿及查找资料。

4．启用订本式账簿时，应当从第一页到最后一页顺序编好页数，不得跳页、缺号。启用活页式账簿时，应按会计科目顺序编号，并须定期装订成册；装订后应按实际使用的账页顺序编定页码，另加目录，记录每个账户的名称和页次（订本式账簿在印刷时编定页码，活页式账簿在会计年度结束归档时编定页码）。

5．会计人员调动时，要办理账簿交接手续。办理交接手续时，一般由企业负责人或企业会计负责人监交，并在如表2.11所示的“账簿启用和经管人员一览表”中注明交接日期，由移交人和接管人签名盖章；移交人在所经管的账簿各账户的最后一笔记录上加盖印章，以示对所登记的账户记录负责。

表2.11　账簿启用和经管人员一览表

<table>
<tr><td>单位名称</td><td colspan="2"></td><td colspan="2" rowspan="3">负责人</td><td colspan="2">职务</td><td colspan="3"></td></tr>
<tr><td>账簿名称</td><td colspan="2"></td><td colspan="2">姓名</td><td colspan="3"></td></tr>
<tr><td>账簿编号</td><td colspan="2"></td><td colspan="2">盖章</td><td colspan="3"></td></tr>
<tr><td>账簿页数</td><td colspan="2"></td><td colspan="2" rowspan="3">会计主管</td><td colspan="2">职务</td><td colspan="3"></td></tr>
<tr><td>所属年度</td><td colspan="2"></td><td colspan="2">姓名</td><td colspan="3"></td></tr>
<tr><td>启用日期</td><td colspan="2"></td><td colspan="2">盖章</td><td colspan="3"></td></tr>
<tr><td colspan="10">经管人员一览表</td></tr>
<tr><td colspan="2">经管人员</td><td rowspan="2">盖章</td><td colspan="3">接管</td><td colspan="3">移交</td><td rowspan="2">备注</td></tr>
<tr><td>职务</td><td>姓名</td><td>年</td><td>月</td><td>日</td><td>年</td><td>月</td><td>日</td></tr>
<tr><td></td><td></td><td></td><td></td><td></td><td></td><td></td><td></td><td></td><td rowspan="5"></td></tr>
<tr><td></td><td></td><td></td><td></td><td></td><td></td><td></td><td></td><td></td></tr>
<tr><td></td><td></td><td></td><td></td><td></td><td></td><td></td><td></td><td></td></tr>
<tr><td></td><td></td><td></td><td></td><td></td><td></td><td></td><td></td><td></td></tr>
<tr><td></td><td></td><td></td><td></td><td></td><td></td><td></td><td></td><td></td></tr>
</table>

6．粘贴印花税票。会计账簿属印花税应税凭证，应按规定在账簿扉页右上角粘贴印花税票，并盖章或画线予以注销。

（二）期初建账方法

设置和登记账簿是会计核算的一种专门方法，在每个会计期初（年初），应将上期末各账户的期末余额过入到当期各账簿中，作为期初余额；例如，“银行存款”总账账户2018年年末借方余额为3 110 000元，2019年建立新账时，在账页上“会计科目”处写上“银行存款”，在“日期栏”登记为“2019年1月1日”，在“摘要栏”登记“期初余额”或“上年结转”字样，在“余额”栏登记“3 110 000.00”。对于期初无余额的账户（如损益类账户）或前一会计期间因未发生相关业务而未开设的账户，也要按照企业的实际需要建立账簿；但只用在“会计科目”处写上账户名称，不需要写日期、摘要等。这一过程称为期初建账。

明细分类账和日记账的建账方法与总分类账相同。

（三）实训要求

1．启用账簿，填写账簿封面、账簿启用和经管人员一览表。

2．根据表2.1至表2.10各账户的期初余额，按规定的账簿格式填写期初余额，建立日记账、三栏式明细分类账、数量金额式明细分类账、多栏式明细分类账、三栏式总分类账。

任务 2.2 企业经济业务核算

安徽惠源电子有限公司 2019 年 12 月份发生如下经济业务。

（1）1 日，采购部陈新报销差旅费（注：取得注明旅客身份的铁路车票，交通费发票等原始凭证略）。

【业务 1.1】

差 旅 费 报 销 单

部门：采购部　　　　2019 年 12 月 1 日

出差人				陈新					出差事由		采购材料		
出发				到达				交通工具	交通费	出差补贴		其他费用	
月	日	时	地点	月	日	时	地点			天数	金额	项目	金额
11	28		合肥	11	28		上海	火车	158	3	60	市内交通费	102
11	30		上海	11	30		合肥	火车	158			住宿费	600
												邮电费	
												办公用品费	
												其他	474
合计									316		60		1 176
报销总额			人民币（大写）壹仟伍佰伍拾贰元整						预借旅费	¥2 000.00		补领金额	¥
												退还金额	¥448.00

领导签字：景方园　　财务审核：唐至诚　　出纳：杨瑶霞　　领款人：陈新

【业务 1.2】

收　据

入账日期：2019 年 12 月 1 日

交款单位：	陈新	收款方式	现金
人民币（大写）	肆佰肆拾捌元整	¥：	448.00
收款事由：	退还备用金		现金付讫
			2019 年 12 月 1 日

第三联 记账

单位盖章　　财务负责人：唐至诚　　出纳：杨瑶霞

（2）1 日，向合肥华普有限公司销售混合器 100 台，不含税单价 1 000 元，收到转账支票一张，存入中国光大银行。

要求：① 填制增值税专用发票。

② 填制产成品出库单。

③ 填制银行进账单（合肥华普有限公司税务登记号：91340101000012677G；地址：合肥市寿春路 5223 号，电话 0551-33665522；开户银行：中国工商银行淮河支行；账号：3401031100216）。

【业务2.1】

 中国银行 转账支票（皖） D0 02 03617121

出票日期（大写）贰零壹玖年 壹拾贰 月 零壹 日	付款行名称：中行高新区支行
收款人：安徽惠源电子有限公司	出票人账号：03051187

本支票付款期限十天

人民币（大写）	壹拾壹万叁仟元整	亿	千	百	十	万	千	百	十	元	角	分
				¥	1	1	3	0	0	0	0	0

用途 货款

上列款项请从

我账户内支付

出票人签章

科目（借）……………………

对方科目（贷）………………

转账日期2019年12月 1 日

复核 记账

（正面）

【业务2.2】

3401180026 安徽增值税专用发票 No. 12345683

此联不作报销、扣税凭证使用 开票日期：20 年 月 日

购买方	名称 纳税人识别号 地址、电话 开户行及账号				密码区	0365－1<9－7－615962848<032/52> 204/8527461259/29533－4974 1626<8－3024>82906－2/85274 －47－6<7>2*－/>*>6/85274		
货物或应税劳务、服务名称		规格型号	计量单位	数量	单价	金额	税率	税额
合计								
价税合计（大写）						（小写）¥		
销售方	名称 纳税人识别号 地址、电话 开户行及账号				备注			

收款人： 复核： 开票人： 销售方（章）：

第一联 记账联 销货方记账凭证

【业务 2.1】

被背书人	被背书人	被背书人
背书人签章 年 月 日	背书人签章 年 月 日	背书人签章 年 月 日

（背面）

【业务 2.3】

产成品出库单

购货单位：　　　　　　　　年　月　日　　　　　单位：元　　　　　第 1001 号

产品名称	规格型号	计量单位	出库数量	单价	金额	备注

第二联 财务记账

销售部负责人：　　　　　　仓库经办人：　　　　　　制单：

【业务 2.4】

光大银行进账单（收账通知）3

年　月　日

付款人	全称		收款人	全称	
	账号			账号	
	开户银行			开户银行	

人民币（大写）	千	百	十	万	千	百	十	元	角	分

票据种类		光大银行蜀山支行 2019.12.01 转讫
票据张数		
单位主管　会计　复核　记账		出票人开户银行盖章

此联是收款人开户银行给收款人的收款通知

（3）1 日，办公室报销交通费、业务招待费，出纳以现金付讫（注：未取得增值税电子普通发票，交通费发票略）。

【业务 3.1】

单　据　报　销　封　面

编号：

开支项目　交通费、招待费　附单据张数　2　附件张数

共报销人民币（大写）贰仟肆佰伍拾元整　现金付讫　¥2 450.00

报销人部门：办公室	签名：王芳	日期：2019 年 12 月 1 日	
负责人审批意见： 同意报销。 景方园 2019 年 12 月 1 日	财务审核意见： 同意报销。 唐至诚 2019 年 12 月 1 日	部门意见： 属实。 黄奇 2019 年 12 月 1 日	说明： 1. 办公室办理业务交通费 350 元 2. 招待有关部门餐费 2 100 元 王芳 2019 年 12 月 1 日

【业务 3.2】

安徽增值税普通发票

全国统一发票监制章 国家税务总局监制

3401186252　　　　No. 53067705

开票日期：2019 年 12 月 1 日

购买方	名称：安徽惠源电子有限公司 纳税人识别号：91340104000012345N 地址、电话：合肥市泰和路 158 号 0551-55000001 开户行及账号：光大银行蜀山支行 23010001	密码区	0365－1<9－7－615962848<032/52> 204/8527461259/29533－4974 1626<8－3024>82906－2/85274 －47－6<7>2*－/>*>6/85275

货物或应税劳务、服务名称	规格型号	计量单位	数量	单价	金额	税率	税额
餐费			1	1 981.13	1 981.13	6%	118.87
合计					1 981.13		118.87
价税合计（大写）	人民币贰仟壹佰元整				（小写）¥2 100.00		

销售方	名称：合肥红龙酒店 纳税人识别号：91330101567558772A 地址、电话：合肥潜山路 2525 号 0551-66775111 开户行及账号：工行黄办 21050113500	备注	校验码 07793 60614 97947 16084

合肥红龙酒店 91330101567558772A 发票专用章

收款人：王光诸　　复核：　　开票人：刘灵　　销货单位（章）：

第三联 发票联 购货方记账凭证

（4）2 日，接中国光大银行通知，安庆东方电子公司偿还前欠货款。

【业务 4.1】

光大银行电汇凭证（收账通知）

委托日期　2019 年 12 月 2 日　　　　第　　号

付款人	全称	安庆东方电子公司		收款人	全称	安徽惠源电子有限公司		
	账号或住址	安庆迎江区长江路 340105000022222			账号或住址	合肥蜀山区泰和路 23010001		
	汇出地点	安徽省 安庆市（县）	汇出行名称：工行迎江分理处		汇出地点	安徽省 合肥市（县）	汇入行名称	光大银行蜀山支行
金额	人民币（大写）贰拾叁万肆仟元整					¥234 000.00		
汇款用途：	货款					汇出行盖章		
单位主管	会计	复核	记账			2019 年 12 月 2 日		

光大银行蜀山支行 2019.12.02 业务章

（5）3 日，签发现金支票一张，自中国光大银行提取现金 12 000 元备用。

要求：签发现金支票。

【业务 5.1】

中国光大银行(皖) 现金支票存根 D0 02 04485296 科　目 对方科目 出票日期　年　月　日 收款人： 金　额： 用　途： 单位主管　会计	本支票付款期限十天	中国光大银行 现金支票（皖）　D0 02 04485296 出票日期（大写）　年　月　日　付款行名称： 收款人：　出票人账号： 人民币（大写）　亿 千 百 十 万 千 百 十 元 角 分 用途 上列款项请从 我账户内支付 出票人签章	科目（借） 对方科目（贷） 付讫日期　年　月　日 出纳　复核　记账 贴对号单处　D0 02 04485296

（正面）

（6）3 日，签发转账支票一张，金额 83 620.00 元，通过中国光大银行向合肥锦湘元件器材厂支付货款。另以现金支付运输费 8 066.00 元。原材料已验收入库。

要求：① 签发转账支票。

② 填制银行进账单。

③ 填制原材料入库单。

【业务 6.1】

付　款　通　知　书

部门	采购部		经办人	陈新
款项用途	采购材料		付款日期	2019/12/3
付款金额	小写	¥83 620.00	大写	人民币捌万叁仟陆佰贰拾整
收款人名称	合肥锦湘元件器材厂			
开户行	商行包河支行		账号	31002222
财务负责人	唐志诚		公司负责人	景方园

转讫

【业务 6.2】

单　据　报　销　封　面

编号：

开支项目　运输费　附单据张数　1　附件张数

共报销人民币（大写）捌仟零陆拾陆元整　现金付讫　¥8 066.00

报销人部门：采购部		签名：张娜	日期：2019 年 12 月 3 日
负责人审批意见： 同意报销。 景方园 2019 年 12 月 3 日	财务审核意见： 同意报销。 唐至诚 2019 年 12 月 3 日	部门意见： 属实。 陶远方 2019 年 12 月 3 日	说明： 1. 外购材料运输费。 张　娜 2019 年 12 月 3 日

【业务 5.1】

券别	壹佰元	伍拾元	贰拾元	壹拾元	伍元	贰元	壹元	伍角	贰角	壹角	取款人签字
整把券											
零张券											

（背面）

【业务 6.3】

3401184336　　　**安徽增值税专用发票**　　　No. 63001228

抵扣联

开票日期：2019 年 12 月 3 日

购买方			密码区
	名称	安徽惠源电子有限公司	1257−1<9−7−6162848<032/52>/
	纳税人识别号	91340104000012345N	29533−49749/29533−4974
	地址、电话	合肥市泰和路 158 号 0551-55000001	1626<1118−3024>82906−2098
	开户行及账号	光大银行蜀山支行 23010001	3112−4887−653<7>3*−/>*>

货物或应税劳务、服务名称	规格型号	单位	数量	单价	金额	税率	税额
芯片	1#	百片	200	190	38 000.00	13%	4 940.00
芯片	2#	百片	200	180	36 000.00	13%	4 680.00
合计					74 000.00		9 620.00
价税合计（大写）	人民币捌万叁仟陆佰贰拾元整					（小写）¥83 620.00	

销售方			备注
	名称	合肥锦湘元件器材厂	合肥锦湘元件器材厂 91340101000003537K 发票专用章
	纳税人识别号	91340101000003537K	
	地址、电话	庐阳区长江路 11 号 0551-23456765	
	开户行及账号	徽商银行包河支行 31001111	

收款人：汪强　　复核：　　开票人：刘富　　销货方（章）：

第二联 抵扣联 购货方扣税凭证

【业务 6.4】

3401184336　　　**安徽增值税专用发票**　　　No. 63001228

发票联

开票日期：2019 年 12 月 3 日

购买方			密码区
	名称	安徽惠源电子有限公司	1257−1<9−7−6162848<032/52>/
	纳税人识别号	91340104000012345N	29533−49749/29533−4974
	地址、电话	合肥市泰和路 158 号 0551-55000001	1626<1118−3024>82906−2098
	开户行及账号	光大银行蜀山支行 23010001	3112−4887−653<7>3*−/>*>

货物或应税劳务、服务名称	规格型号	单位	数量	单价	金额	税率	税额
芯片	1#	百片	200	190	38 000.00	13%	4 940.00
芯片	2#	百片	200	180	36 000.00	13%	4 680.00
合计					74 000.00		9 620.00
价税合计（大写）	人民币捌万叁仟陆佰贰拾元整					（小写）¥83 620.00	

销售方			备注
	名称	合肥锦湘元件器材厂	合肥锦湘元件器材厂 91340101000003537K 发票专用章
	纳税人识别号	91340101000003537K	
	地址、电话	庐阳区长江路 11 号 0551-23456765	
	开户行及账号	徽商银行包河支行 31001111	

收款人：汪强　　复核：　　开票人：刘富　　销货方（章）：

第三联 发票联 购货方记账凭证

【业务 6.5】

安徽增值税专用发票

3401184326 　　　　　　　　　　　　　　　　　　No. 63001228

开票日期：2019 年 12 月 3 日

购买方	名称	安徽惠源电子有限公司			密码区	1257－1<9－7－6162848<032/52>/	
	纳税人识别号	91340104000012345N				29533－49749/29533－4974	
	地址、电话	合肥市泰和路 158 号 0551-55000001				1626<1118－3024>82906－2098	
	开户行及账号	光大银行蜀山支行 23010001				3112－4887－653<7>3*－/>*>	
货物或应税劳务、服务名称	规格型号	单　位	数　量	单　价	金　额	税　率	税　额
运输服务费					7 400.00	9%	666.00
合计					7 400.00		666.00
价税合计（大写）	人民币捌仟零陆拾陆元整				（小写）¥8 066.00		
销售方	名称	合肥蜀山货物运输有限公司		备注	起运地：合肥		
	纳税人识别号	913401010000003564X			到达地：合肥		
	地址、电话	庐阳区长江路 1126 号 0551-23456778			车种：[illegible]		
	开户行及账号	徽商银行包河支行 31003333			货物名称：[illegible] 100 箱		

收款人：汪强　　复核：　　开票人：刘富　　销货方（章）：

第二联 抵扣联 购货方扣税凭证

【业务 6.6】

安徽增值税专用发票

3401184326 　　　　　　　　　　　　　　　　　　No. 63001228

开票日期：2019 年 12 月 3 日

购买方	名称	安徽惠源电子有限公司			密码区	1257－1<9－7－6162848<032/52>/	
	纳税人识别号	91340104000012345N				29533－49749/29533－4974	
	地址、电话	合肥市泰和路 158 号 0551-55000001				1626<1118－3024>82906－2098	
	开户行及账号	光大银行蜀山支行 23010001				3112－4887－653<7>3*－/>*>	
货物或应税劳务、服务名称	规格型号	单　位	数　量	单　价	金　额	税　率	税　额
运输服务费					7 400.00	9%	666.00
合计					7 400.00		666.00
价税合计（大写）	人民币捌仟零陆拾陆元整				（小写）¥8 066.00		
销售方	名称	合肥蜀山货物运输有限公司		备注	起运地：合肥		
	纳税人识别号	913401010000003564X			到达地：合肥		
	地址、电话	庐阳区长江路 1126 号 0551-23456778			车种：[illegible]		
	开户行及账号	徽商银行包河支行 31003333			货物名称：[illegible]片，10[illegible] 箱		

收款人：汪强　　复核：　　开票人：刘富　　销货方（章）：

第三联 发票联 购货方记账凭证

【业务 6.7】

中国光大银行（皖）转账支票存根

B0 02 06951708

科　目 ______

对方科目 ______

出票日期　年　月　日

收款人：
金　额：
用　途：

单位主管　会计

中国光大银行　转账支票（皖）　B0 02 06951708

本支票付款期限十天

出票日期（大写）　年　月　日　　付款行名称：

收款人：　　出票人账号：

人民币（大写）	亿	千	百	十	万	千	百	十	元	角	分

用途______　　科目（借）......

上列款项请从　　对方科目（贷）......

我账户内支付　　转账日期　年　月　日

出票人签章　　复核　记账

（正面）

【业务 6.8】

光大银行进账单（回单）　1

年　月　日

付款人	全称		收款人	全称	
	账号			账号	
	开户银行			开户银行	

人民币（大写）	千	百	十	万	千	百	十	元	角	分

票据种类		光大银行蜀山支行 2019.12.04 转讫
票据张数		
单位主管　会计　复核　记账		出票人开户银行盖章

此联是出票人开户银行给出票人的回单

【业务 6.9】

入库单

入库日期：20　年　月　日

供货单位：　　发票号码：　　单位：元　　No：002001

类　别	材料名称	入库数量	计量单位	单　价	金　额	备　注
合计						

负责人：　　财务：　　保管员：

第二联：记账联

【业务 6.7】

<table>
<tr><td>被背书人</td><td>被背书人</td><td>被背书人</td></tr>
<tr><td>

背书人签章
年　月　日</td><td>

背书人签章
年　月　日</td><td>

背书人签章
年　月　日</td></tr>
</table>

（背面）

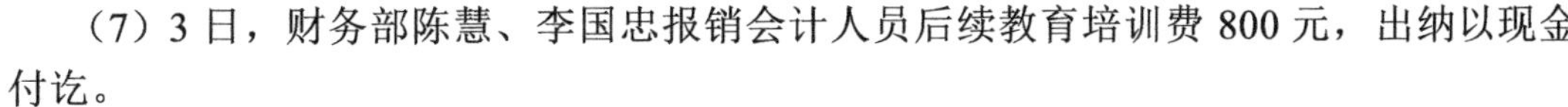

（7）3 日，财务部陈慧、李国忠报销会计人员后续教育培训费 800 元，出纳以现金付讫。

【业务 7.1】

单　据　报　销　封　面

编号：

开支项目 培训费　　附单据张数 1　　附件张数

共报销人民币（大写）捌佰元整　　¥800.00

报销人部门：财务部	签名：李国忠		日期：2019 年 12 月 3 日
负责人审批意见： 同意报销。 景方园 2019 年 12 月 3 日	财务审核意见： 同意报销。 唐至诚 2019 年 12 月 3 日	部门意见： 属实。 陈　慧 2019 年 12 月 3 日	说明： 会计人员后续教育培训费 现金付讫 李国忠 2019 年 12 月 3 日

【业务 7.2】

安徽省政府非税收入专用收据

2019 年 12 月　　皖财专字　(2019)0007616703

缴款单位：安徽惠源电子有限公司

收入项目名称	单位收缴标准	数量	金额								
			百	十	万	千	百	十	元	角	分
培训费						¥	8	0	0	0	0
金额合计（大写）人民币×拾×万×仟捌佰元整 ¥：800.00											

第二联：收据

合肥市财政局培训中心 91330101567558772A 财务专用章

执收单位（公章）：　　负责人：　　收款人：

（8）4 日，签发转账支票一张，通过中国光大银行向安徽省电视台广告公司支付广告费 30 000 元。

要求：填制银行进账单。

【业务 8.1】

付 款 通 知 书

部门	销售部		经办人	万方
款项用途	广告费		付款日期	2019/12/4
付款金额	小写	¥30 000.00	大写	叁万元整
收款人名称	转讫	安徽省电视台广告公司		
开户行	工行长江分理处		账号	34015555
财务负责人	唐志诚		公司负责人	景方园

【业务 8.2】

3401186338　　**安徽增值税专用发票**　　No. 830012692

抵扣联

开票日期：2019 年 12 月 4 日

购买方	名称	安徽惠源电子有限公司	密码区	1257－1<9－7－6162848<032/52>
	纳税人识别号	91340104000012345N		/29533－49749/29533－4974
	地址、电话	合肥市泰和路 158 号 0551-55000001		1626<1118－3024>82906－2098
	开户行及账号	光大银行蜀山支行 23010001		3112－4887－653<7>3*－/>*>

货物或应税劳务、服务名称	规格型号	单 位	数 量	单价	金 额	税率	税 额
广告费		次	4	7 075.47	28 301.89	6%	1 698.11
合计					28 301.89		1 698.11
价税合计（大写）	人民币叁万元整				（小写）¥30 000.00		

销售方	名称	安徽省电视台广告公司	备注	安徽省电视台广告公司 91340101000003575Y 发票专用章
	纳税人识别号	91340101000003575Y		
	地址、电话	合肥市桐城路 355 号 0551-63414074		
	开户行及账号	徽商银行包河支行 31006666		

收款人：汪强　　复核：　　开票人：刘富　　销货方（章）：

第二联 抵扣联 购货方扣税凭证

【业务 8.3】

3401186338　　**安徽增值税专用发票**　　No. 63001228

发票联

开票日期：2019 年 12 月 3 日

购买方	名称	安徽惠源电子有限公司	密码区	1257－1<9－7－6162848<032/52>
	纳税人识别号	91340104000012345N		9/29533－4974
	地址、电话	合肥市泰和路 158 号 0551-55000001		1626<8－3024>82906－2
	开户行及账号	光大银行蜀山支行 23010001		－47－6<7>3*－/>*>

货物或应税劳务、服务名称	规格型号	单 位	数 量	单 价	金 额	税率	税 额
广告费		次	4	7 075.47	28 301.89	6%	1 698.11
合计					28 301.89		1 698.11
价税合计（大写）	人民币叁万元整				（小写）¥30 000.00		

销售方	名称	安徽省电视台广告公司	备注	安徽省电视台广告公司 91340101000003575Y 发票专用章
	纳税人识别号	91340101000003575Y		
	地址、电话	合肥市桐城路 355 号 0551-63414074		
	开户行及账号	徽商银行包河支行 31006666		

收款人：汪强　复核：　　开票人：刘富　　销货方（章）：

第三联 发票联 购货方记账凭证

【业务 8.4】

光大银行转账支票存根

支票号码　VI II 02568825
科　　目
对方科目
出票日期 2019 年 12 月 4 日
收款人：安徽省电视台广告公司
金　额：¥30 000.00
用　途：广告费
备　注：
单位主管 景方圆　会计 杨瑶霞
复　　核　　　　记账

【业务 8.5】

光大银行进账单（回单）　1

年　　月　　日

付款人	全称		收款人	全称										
	账号			账号										
	开户银行			开户银行										
人民币（大写）					千	百	十	万	千	百	十	元	角	分
票据种类			光大银行蜀山支行 2019.12.04 转讫											
票据张数														
单位主管　会计　复核　记账			出票人开户银行盖章											

此联是出票人开户银行给出票人的回单

（9）5 日，缴纳上月未缴增值税 123 450 元、城市维护建设税 8 641.5 元、教育费附加 3 703.5 元、地方教育费附加 2 469 元、代扣职工个人所得税 3 652 元，收到各项税金及附加的税收缴款书（上月增值税进项税 198 521.8 元，已交税金 56 327.2 元，销项税金 377 264 元，进项税额转出 1 035 元，应税销售额 2 219 200 元）。

要求：填制地方税、增值税纳税申报表（其格式见表 3.4 和表 3.5）。

【业务 9.1】

光大银行电子缴税付款凭证

汇款/托收贷记通知

转账日期：2019 年 12 月 5 日　　　　凭证字号：2019120500297716
纳税人编号：91340104000012345N
交款人名称：安徽惠源电子有限公司
开户行账号：23010001　　　　征收机关：合肥市税务局分局
交款人开户银行：光大银行蜀山支行　　　　收款国库（银行）名称：国家金库合肥市中心支库
小写金额：¥123 450.00　　　　交款书交易流水号：00297716
大写金额：壹拾贰万叁仟肆佰伍拾元整　　　　税票号码：01080210081111

税种名称	所属期限	实缴金额
增值税	2019.11.01 至 2019.11.30	¥123 450.00

第二联 作付款回单（无银行收讫章无效）　　打印时间 2019/12/05　10：30：44
复核　　　记账

（印章：光大银行蜀山支行 2019.12.05 业务章）

【业务 9.2】

光大银行电子缴税付款凭证

汇款/托收贷记通知

转账日期：2019 年 12 月 5 日　　　　凭证字号：2019120500955617

纳税人编号：91340104000012345N

交款人名称：安徽惠源电子有限公司

开户行账号：23010001　　　　征收机关：合肥市税务局六分局

交款人开户银行：光大银行蜀山支行　　　　收款国库（银行）名称：国家金库合肥市中心支库

小写金额：¥18 466.00　　　　交款书交易流水号：00297716

大写金额：壹万捌仟肆佰陆拾陆元整　　　　税票号码：01080210081111

税种名称	所属期限	实缴金额
城市维护建设税	2019.11.01 至 2019.11.30	¥8 641.50
教育费附加	2019.11.01 至 2019.11.30	¥3 703.50
地方教育费附加	2019.11.01 至 2019.11.30	¥2 469.00
个人所得税	2019.11.01 至 2019.11.30	¥3 652.00

第二联 作付款回单（无银行收讫章无效）　　　打印时间 2019/12/05　11：30：30

复核　　　记账

（印章：光大银行蜀山支行 2019.12.05 业务章）

【业务 9.3】

中华人民共和国税收通用缴款书

隶属关系：有限责任公司　　　　皖国缴 311517 号

注册类型：省属　　填发日期：2019 年 12 月 5 日　　　　征收机关：合肥市税务局六分局

缴款单位	代码	24212649734142	预算科目	编码	10103
	全称	安徽惠源电子有限公司		名称	股份制企业增值税
	开户银行	光大银行蜀山支行		级次	中央 50%，地方 50%
	账号	23010001	收款国库		中央金库，合肥市金库
税款所属日期	2019 年 11 月 1 日—30 日		税款限缴日期		2019 年 12 月 15 日

品目名称	课税数量	计税金额或销售收入	税率或单位税额	已缴或扣除额	实缴金额
制造业		1 382 901.50	0.13	56 327.20	123 450.00
金额合计	（大写）壹拾贰万叁仟肆佰伍拾元整			¥123 450.00	
缴款单位(人)（盖章） 经办人（章）	税务机关（盖章） 填票人（章）	上列款项已收妥并划转收款单位账户 国库（银行）盖章　2019 年 12 月 5 日		备注：	

逾期不缴按税法规定加收滞纳金

（印章：国家税务总局 税收票据监制章；合肥市税务局 征税专用章 10号；光大银行蜀山支行 2019.12.05 转讫）

【业务 9.4】

中华人民共和国税收通用缴款书

隶属关系：有限责任公司　　　　　　　　　　　　皖地缴　11111　号

注册类型：省属　　填发日期：2019 年 12 月 5 日　　　　征收机关：合肥市税务局六分局

缴款单位		预算科目			
代码	24212649734142	编码	70109		
全称	安徽惠源电子有限公司	名称	其他个人所得税		
开户银行	光大银行蜀山支行	级次	中央 60%，省 15%，市 25%		
账号	23010001	收款国库	合肥市金库		
税款所属日期	2019 年 11 月 1 日—30 日	税款限缴日期	2019 年 12 月 15 日		
品目名称	课税数量	计税金额或销售收入	税率或单位税额	已缴或扣除额	实缴金额
工资、薪金所得 工资、薪金所得			0.1 0.05		3 652.00
金额合计	（大写）叁仟陆佰伍拾贰元整			¥3 652.00	
缴款单位(人) （盖章） 经办人（章）	税务机关（盖章） 填票人（章）	上列款项已收妥并划转收款单位账户 国库（银行）盖章　2019 年 12 月 5 日			备注：

逾期不缴按税法规定加收滞纳金

第一联：（收据）国库（银行）收款盖章后退缴款单位作完税凭证

【业务 9.5】

中华人民共和国税收通用缴款书

隶属关系：有限责任公司　　　　　　　　　　　　皖地缴　11112　号

注册类型：省属　　填发日期：2019 年 12 月 5 日　　　　征收机关：合肥市税务局六分局

缴款单位		预算科目			
代码	24212649734142	编码	100300		
全称	安徽惠源电子有限公司	名称	城市维护建设税、教育费附加		
开户银行	光大银行蜀山支行	级次	市级		
账号	23010001	收款国库	合肥市金库		
税款所属日期	2019 年 11 月 1 日—30 日	税款限缴日期	2019 年 12 月 15 日		
品目名称	课税数量	计税金额或销售收入	税率或单位税额	已缴或扣除额	实缴金额
城市维护建设税		123 450	0.07		8 641.50
教育费附加		123 450	0.03		3 703.50
地方教育费附加		123 450	0.02		2 469.00
金额合计	（大写）壹万肆仟捌佰壹拾肆元整			¥14 814.00	
缴款单位(人) （盖章） 经办人（章）	税务机关 （盖章） 填票人（章）	上列款项已收妥并划转收款单位账户 国库（银行）盖章　2019 年 12 月 5 日			备注：

逾期不缴按税法规定加收滞纳金

第一联：（收据）国库（银行）收款盖章后退缴款单位作完税凭证

【业务 10】

（10）5 日，公司以证券资金账户款项购入 2017 年 6 月发行的三年期国债，票面价值 107 000 元，另支付相关手续费等 500 元。

合肥安太证券公司发票对账单

客户编号：36001822　　户名：安徽惠源电子有限公司　　对账日期：2019/12/5

资金信息：

币种	资金余额	可用金额	可取现金	资产价值
人民币	¥130 000.00	¥130 000.00	¥130 000.00	¥250 000.00

日期	币种	业务标志	证券名称	证券代码	发生数量	成交均价	佣金	印花税	收付金额	资金余额
2019/12/5	人民币	债券买入	国债	201506	100 000	1.07	¥500.00		¥107 500.00	¥22 500.00

汇总债券资料

证券名称	证券代码	当前数	可用数	最新价	市值	币种
国债	201606	100 000	100 000	1.07	¥107 500.00	人民币

（11）5 日，接到中国光大银行通知，向合肥电信分公司支付上月电话费 5 337.1 元（注：纳税人购买货物或劳务，应同时取得增值税专用发票的发票联和抵扣联，为减少原始凭证数量，自业务 11 开始，购进货物和劳务，只提供增值税专用发票的发票联，不再提供抵扣联）。

【业务 11.1】

光大银行委托收款凭证　（付款通知）

委托日期　2019 年 12 月 5 日　　第 800－065 号

委托人	全称	安徽惠源电子有限公司	收款人	全称	合肥电信分公司
	账号或地址	23010001		账号或地址	34015577
	开户银行	光大银行蜀山支行		开户银行	工行瑶海分理处

委收金额	人民币（大写）伍仟叁佰叁拾柒元壹角	千	百	十	万	千	百	十	元	角	分
					¥	5	3	3	7	1	0

款项内容	11 月份电话费	委托收款凭证名称	电信资费发票	附寄单证张数	1

光大银行蜀山支行 2019.12.05 转讫

此联付款人开户银行给付款人的通知

【业务 11.2】

通信费分配表

2019/12/5

项 目		金额/元	借记账户	贷记账户
本月通信费		5 035.00		
其中：	一车间	285.00	制造费用	银行存款
	二车间	351.00	制造费用	银行存款
	装配车间	365.00	制造费用	银行存款
	机修车间	257.00	制造费用	银行存款
	管理部门	2 790.00	管理费用	银行存款
	销售部	987.00	销售费用	银行存款

制表人：柏茹

【业务 11.3】

3401184376　　安徽增值税专用发票　　No. 63001115

发票联

开票日期：2019 年 12 月 5 日

购买方	名称：安徽惠源电子有限公司 纳税人识别号：91340104000012345N 地址、电话：合肥市泰和路 158 号 0551-55000001 开户行及账号：光大银行蜀山支行 23010001				密码区	1257－1<9－7－6162848<032/52> 9/29533－4974 1626<8－3024>82906－2 －47－6<7>3*－/>*>	
货物或应税劳务、服务名称	规格型号	单 位	数 量	单价	金 额	税率	税 额
电信服务费					5 035.00	6%	302.10
合计					5 035.00		302.10
价税合计（大写）	人民币伍仟叁佰叁拾柒元壹角					（小写）¥5 337.10	
销售方	名称：安徽省电信公司合肥分公司 纳税人识别号：91340101000002131Y 地址、电话：合肥市长江西路 355 号 0551-63411212 开户行及账号：工行长江西路支行 34015577				备注	安徽省电信公司合肥分公司 91340101000002131Y 收费专用章	

收款人：汪强　　复核：　　开票人：刘富　　销货方（章）：

第三联 发票联 购货方记账凭证

（12）6 日，向中国光大银行申请银行汇票一张，票面金额 140 000 元，收款人为马鞍山电子器材公司，交采购部陈新采购高频器和线路板。

要求：填制银行汇票申请书。

【业务 12.1】

付 款 通 知 书

部门	采购部		经办人	陈新
款项用途	办理银行汇票，购买高频器、线路板		付款日期	2019/12/6
付款金额	小写	¥140 000 元 转讫	大写	壹拾肆万元整
收款人名称	马鞍山电子器材公司			
开户行	工行相山分理处		账号	340108000111
财务负责人	唐志诚		公司负责人	景方园

【业务 12.2】

中国光大银行汇票申请书（存根）（根据） 1　　第　号

申请日期　年　月　日

申请人				收款人											
账号或地址				账号或住址											
兑付地点	省 市 县	兑付行		汇款用途											
	人民币（大写）					千	百	十	万	千	百	十	元	角	分

备 注

科　目________

对方科目________

账务主管　复核　经办

（13）6 日，办公室报销劳动保护用品 1 650 元，发放给各部门；销售部报销市内交通费 253 元（交通费发票略），财务部报销购买支票款 120 元，出纳以现金付讫，相关单证如下所示。

【业务 13.1】

单 据 报 销 封 面

编号：

开支项目 交通费 附单据张数 2 附件张数

共报销人民币（大写）贰佰伍拾叁元整 ¥253.00

报销人部门：销售部		签名：王静	日期：2019 年 12 月 6 日
负责人审批意见： 同意报销。 景方园 2019 年 12 月 6 日	财务审核意见： 同意报销。 唐至诚 2019 年 12 月 6 日	部门意见： 属实。 刘方 2019 年 12 月 6 日	说明： 1. 销售部 12 月办理业务交通费 253 元 现金付讫 王静 2019 年 12 月 6 日

【业务 13.2】

单据报销封面

编号：

开支项目	劳动保护费	附单据张数	1	附件张数	
共报销人民币（大写）壹仟陆佰伍拾元整				¥1 650.00	

报销人部门：办公室	签名：赵怀怀		日期：2019 年 12 月 6 日
负责人审批意见： 同意报销。 景方园 2019 年 12 月 6 日	财务审核意见： 同意报销。 唐至诚 2019 年 12 月 6 日	部门意见： 属实。 陶远方 2019 年 12 月 6 日	说明： 1. 购买劳动保护用品 现金付讫 赵怀怀 2019 年 12 月 6 日

【业务 13.3】

中国光大银行业务收费凭证

名称：安徽惠源电子有限公司　　2019 年 12 月 6 日　　账号

项目	起止号码	单价（元）	数量（张）	金额（元）				
				工本费	邮电费	手续费	其他	小计
现金支票	502626－502675	0.8	50	40				40
转账支票	213211－213310	0.8	100	80				80
合计								120
大写金额：（币种）人民币壹佰贰拾元整								
划款方式银行：1. 现金　2. 银行存款								
（银行签章）								

复核　马霞　经办　汪洋

（印章：光大银行蜀山支行 2019.12.06 业务章）

【业务 13.4】

安徽省国家税务局通用机打发票

安徽乐城超市有限公司合肥销售分公司

合国税（2019）印字第 16 号

发票代码：134011521321

发票号码：94322113

客户名称：安徽惠源电子有限公司

机打票号：94422336

机器编号：000053 1010392602

开票日期：2019 年 12 月 5 日

项目	数量	单价	金额
手套	500	3.00	1 500.00
毛巾	30	5.00	150.00

合计（小写）¥1 650.00

合计（大写）人民币壹仟陆佰伍拾元整

收款方名称：安徽乐城超市有限公司潜山路店

收款方识别号：913401033234523345A

（印章：安徽乐城超市有限公司合肥潜山路店 913401033234523345A 发票专用章）

（14）6日，预付合肥朝阳工具厂货款5 000元，订购生产工具2#、修理工具1#和2#，款项通过中国光大银行转账支付。

要求：填制银行进账单。

【业务14.1】

付 款 通 知 书

部门	生产技术部		经办人	章明清
款项用途	购买生产工具		付款日期	2019年12月6日
付款金额	小写	¥5 000.00	大写	人民币伍仟元整
收款人名称	合肥朝阳工具厂 转讫			
开户行	工行淮河分理处		账号	340101000123
财务负责人	唐志诚		公司负责人	景方园

【业务14.2】

收 据

收款日期：2019年12月6日

交款单位：	安徽惠源电子有限公司	收款方式	转账
人民币（大写）	人民币伍仟元整		¥5 000.00
收款事由：	收预付款，发货后换开发票		

第二联 收据

（印章：合肥朝阳工具厂 91340102000045625IP 2019年12月6日 财务专用章）

单位盖章　　财务负责人：唐至诚　　王宾　　出纳：方柳

【业务14.3】

光大银行转账支票存根

支票号码　VI II 02568825

科　　目

对方科目

出票日期　2019年12月6日

收款人：合肥朝阳工具厂

金　额：¥5 000.00

用　途：货款

备　注：

单位主管　景方圆　　会计　杨瑶霞

复　　核　　　　　记账

【业务 14.4】

光大银行进账单（回单） 1

年 月 日

付款人	全称		收款人	全称	
	账号			账号	
	开户银行			开户银行	
人民币（大写）				千 百 十 万 千 百 十 元 角 分	
票据种类		票据张数			
票据号码					
单位主管 复核 记账				出票人开户银行盖章（光大银行蜀山支行 2019.12.06 转讫）	

此联是开户银行交给持票人的回单

（15）6日，向安徽至诚会计师事务所支付年度会计报表审计费23 850元，款项已通过中国光大银行转账支付。

要求：填制银行进账单。

【业务 15.1】

付 款 通 知 书

部门	财务部		经办人	陈慧
款项用途	审计费		付款日期	2019/12/6
付款金额	小写	¥23 850.00	大写	贰万叁仟捌佰伍拾元整
收款人名称	安徽至诚会计师事务所			
开户行	工行蜀山分理处		账号	340101000222
财务负责人	唐志诚		公司负责人	景方园

转讫

【业务 15.2】

安徽增值税专用发票

3401184311　　No. 63001115

开票日期：2019年12月5日

购买方	名称	安徽惠源电子有限公司			密码区	1257－1<9－7－6162848<032/52 >9/29533－4974 1626<8－3024>82906－2 －47－6<7>3*－/>*>		
	纳税人识别号	91340104000012345N						
	地址、电话	合肥市泰和路158号 0551-55000001						
	开户行及账号	光大银行蜀山支行 23010001						
货物或应税劳务、服务名称	规格型号	单位	数量	单价	金额	税率	税额	
审计服务费			1	22 500	22 500.00	6%	1 350.00	
合计					22 500.00		1 350.00	
价税合计（大写）	人民币贰万叁仟捌佰伍拾元整				（小写）¥23 850.00			
销售方	名称	安徽至诚会计师事务所（普通合伙）		备注	安徽至诚会计师事务所（普通合伙） 91340101002135701Y 财务专用章			
	纳税人识别号	91340101002135701Y						
	地址、电话	合肥市淮河西路355号 0551-63411345						
	开户行及账号	工行瑶海分理处 34015577						

收款人：汪强　　复核：　　开票人：刘富　　销货方（章）：

第三联 发票联 购货方记账凭证

【业务 15.3】

光大银行转账支票存根

支票号码 VI II 02568826
科　　目
对方科目
出票日期 2019 年 12 月 6 日
收款人：安徽至诚会计师事务所（普通合伙）
金　额：¥23 850.00
用　途：货款
备　注：
单位主管 景方圆　会计 杨瑶霞
复　　核　　　记账

【业务 15.4】

光大银行进账单（回单） 1

年　　月　　日

付款人	全称		收款人	全称										
	账号			账号										
	开户银行			开户银行										
人民币（大写）					千	百	十	万	千	百	十	元	角	分
票据种类		票据张数		光大银行蜀山支行 2019.12.06 转讫										
票据号码														
单位主管　复核　记账				出票人开户银行盖章										

此联是开户银行交给持票人的回单

（16）7 日，南京三花有限责任公司开具的无息商业承兑汇票到期，委托银行收款；已收到中国光大银行的收款通知。

【业务 16】

委托收款凭证（收款通知）

号码　　日期 2019 年 12 月 7 日　　交易号

付款人	全称	南京三花有限责任公司	收款人	全称	安徽惠源电子有限公司	
	账号或地址	23010000456		账号或地址	23010001	
	开户银行	工行玄武支行		开户银行	光大银行蜀山支行	
委收金额（人民币大写）	壹拾柒万伍仟伍佰元整				金额（小写）	¥175 500.00
款项内容	商业汇票到期兑付				附寄单证张数	1
委托收款凭证名称	商业承兑汇票				光大银行蜀山支行 2019.12.07 业务章 银行盖章	
备注	上列款项 1. 已全部划回你方账户 √ 2. 已收回部分款项收入你方账户 3. 全部未收到					

会计　　复核　　记账　　制票

此联为收款人的收款通知

（17）8日，向马鞍山电子器材公司采购高频器、线路板已运抵安徽惠源电子有限公司并办理验收入库手续，价税合计129 950元；用本月6日办理的银行汇票结算。

要求：填制原材料入库单。

【业务17.1】

3401180016 安徽增值税专用发票 No. 18345670

开票日期：2019年12月8日

购买方	名称	安徽惠源电子有限公司			密码区	1626<8−3024>82906−21257−1 <9−7−61562848<032/52>9 1257−1<9−7−/29533−4974 −47−6<7>3*−/>*>		
	纳税人识别号	91340104000012345N						
	地址、电话	合肥市泰和路158号 0551-55000001						
	开户行及账号	光大银行蜀山支行 23010001						
货物或应税劳务、服务名称		规格型号	单位	数量	单价	金额	税率	税额
高频器			件	500	200	100 000.00	13%	13 000.00
线路板			件	500	30	15 000.00	13%	1 950.00
合计						115 000.00		14 950.00
价税合计（大写）		人民币壹拾贰万玖仟玖佰伍拾元整				（小写）¥129 950.00		
销售单位	名称	马鞍山电子器材公司		备注	马鞍山电子器材公司 91340801000024680S 发票专用章			
	纳税人识别号	91340801000024680S						
	地址、电话	相山区淮河路1225号 0555-23456111						
	开户行及账号	工行相山分理处 340801000111						

收款人：王思阳 复核： 开票人：刘阳珠 销货单位（章）：

第三联 发票联 购货方记账凭证

【业务17.2】

入 库 单

入库日期：20 年 月 日

供货单位： 单元：元 发票号码：No：002002

类别	材料名称	入库数量	计量单位	单价	金额	备注
合计						

采购： 财务： 保管员：

第二联：记账联

（18）8日，公司领导决定购买商品作为节日福利发放给职工，通过中国光大银行转账支付20 300元。

要求：填制银行进账单。

【业务 18.1】

付 款 通 知 书

部门	办公室		经办人	王芳
款项用途	购买食品		付款日期	2019/12/8
付款金额	小写	¥20 300	大写	贰万零叁佰元整
收款人名称	合肥第一百货公司			
开户行	工行庐办 002788		账号	340101002788
财务负责人	唐志诚		公司负责人	景方园

转讫

【业务 18.2】

3401180016　　安徽增值税专用发票　　No. 12345678

发票联

开票日期：2019 年 12 月 8 日

购买方		密码区
名称	安徽惠源电子有限公司	1257－1<9－78－615962848<032/52>
纳税人识别号	91340104000012345N	9/295－44661626<3024>82956－－22－
地址、电话	合肥市泰和路 158 号 0551-55000001	6<7>2*－/>5/2－615962848－61562848
开户行及账号	光大银行蜀山支行 23010001	<032/52>9

货物或应税劳务、服务名称	规格型号	单位	数量	单价	金额	税率	税额
色拉油		桶	250	71.86	17 964.60	13%	2 335.40
合计					17 964.60		2 335.40
价税合计	人民币（大写）贰万零叁佰元整				¥20 300.00		

销售方		备注
名称	合肥第一百货公司	合肥第一百货公司 9134010100003550IA 发票专用章
纳税人识别号	9134010100003550IA	
地址、电话	合肥市淮河路 1225 号	
开户行及账号	工行庐办 002788	

收款人：刘阳　　复核：　　开票人：张珠　　销货方（章）：

第三联 发票联 购货方记账凭证

【业务 18.3】

光大银行转账支票存根

支票号码　VI II 02568827

科　　目

对方科目

出票日期 2019 年 12 月 8 日

收款人：合肥第一百货公司

金　额：¥20 300.00

用　途：货款

备　注：

单位主管　景方圆　会计　杨瑶霞

复　　核　　　　记账

【业务 18.4】

光大银行进账单（回单） 1

年 月 日

<table>
<tr><td rowspan="3">付款人</td><td>全称</td><td colspan="2"></td><td rowspan="3">收款人</td><td>全称</td><td colspan="10"></td></tr>
<tr><td>账号</td><td colspan="2"></td><td>账号</td><td colspan="10"></td></tr>
<tr><td>开户银行</td><td colspan="2"></td><td>开户银行</td><td colspan="10"></td></tr>
<tr><td colspan="6" rowspan="2">人民币（大写）</td><td>千</td><td>百</td><td>十</td><td>万</td><td>千</td><td>百</td><td>十</td><td>元</td><td>角</td><td>分</td></tr>
<tr><td></td><td></td><td></td><td></td><td></td><td></td><td></td><td></td><td></td><td></td></tr>
<tr><td colspan="2">票据种类</td><td>票据张数</td><td></td><td colspan="12" rowspan="3">光大银行蜀山支行
2019.12.08
转讫
出票人开户银行盖章</td></tr>
<tr><td colspan="2">票据号码</td><td colspan="2"></td></tr>
<tr><td colspan="4">单位主管 复核 记账</td></tr>
</table>

此联是开户银行交给持票人的回单

（19）9 日，按与中国人民财产保险公司合肥分公司签订的保险合同，通过中国建设银行转账预付下年度财产保险费 24 800 元。

要求：填制银行进账单。

【业务 19.1】

付 款 通 知 书

2019 年 12 月 9 日

<table>
<tr><td>部门</td><td colspan="2">办公室</td><td>经办人</td><td>王芳</td></tr>
<tr><td>款项用途</td><td colspan="2">二季度财产保险费</td><td>付款日期</td><td>2019/12/9</td></tr>
<tr><td>付款金额</td><td>小写</td><td>¥24 800</td><td>大写</td><td>贰万肆仟捌佰元整</td></tr>
<tr><td>收款人名称</td><td colspan="4">中国人民财产保险公司合肥分公司 转讫</td></tr>
<tr><td>开户行</td><td colspan="2">工行蜀山分理处</td><td>账号</td><td>34010400011102</td></tr>
<tr><td>财务负责人</td><td colspan="2">唐志诚</td><td>公司负责人</td><td>景方园</td></tr>
</table>

【业务 19.2】

3401184157　　安徽增值税专用发票　　No. 63001115

（全国统一发票监制章 安徽 国家税务总局监制）

开票日期：2019 年 12 月 9 日

<table>
<tr><td rowspan="4">购买方</td><td>名称</td><td colspan="4">安徽惠源电子有限公司</td><td rowspan="4">密码区</td><td colspan="3" rowspan="4">1257－1<9－7－6162848<032/52>
9/29533－49741626<8－3024>
82906－2－47－6<7>3*－/>*></td></tr>
<tr><td>纳税人识别号</td><td colspan="4">91340104000012345N</td></tr>
<tr><td>地址、电话</td><td colspan="4">合肥市泰和路 158 号 0551-55000001</td></tr>
<tr><td>开户行及账号</td><td colspan="4">光大银行蜀山支行 23010001</td></tr>
<tr><td colspan="2">货物或应税劳务、服务名称</td><td>规格型号</td><td>单 位</td><td>数 量</td><td>单 价</td><td>金 额</td><td>税 率</td><td colspan="2">税 额</td></tr>
<tr><td colspan="2">财产保险费</td><td></td><td></td><td>1</td><td>23 396.23</td><td>23 396.23</td><td>6%</td><td colspan="2">1 403.77</td></tr>
<tr><td colspan="2">合计</td><td></td><td></td><td></td><td></td><td>23 396.23</td><td></td><td colspan="2">1 403.77</td></tr>
<tr><td colspan="2">价税合计（大写）</td><td colspan="5">人民币贰万肆仟捌佰元整</td><td colspan="3">（小写）¥24 800.00</td></tr>
<tr><td rowspan="4">销售方</td><td>名称</td><td colspan="3">中国人民财产保险公司合肥分公司</td><td rowspan="4">备注</td><td colspan="4" rowspan="4">中国人民财产保险公司合肥分公司
91340101002135701Y
发票专用章</td></tr>
<tr><td>纳税人识别号</td><td colspan="3">91340101002135701Y</td></tr>
<tr><td>地址、电话</td><td colspan="3">合肥市淮河西路 355 号 0551-63411345</td></tr>
<tr><td>开户行及账号</td><td colspan="3">工行瑶海分理处 34015577</td></tr>
</table>

收款人：汪强　　复核：　　开票人：刘富　　销货方（章）：

【业务 19.3】

中国建设银行转账支票存根

支票号码 VI II 1002527
科　目
对方科目
出票日期 2019 年 12 月 9 日
收款人：中国人民财产保险公司合肥分公司
金　额：¥24 800.00
用　途：保险费
备　注：
单位主管 景方圆　会计 杨瑶霞
复　核　　记账

【业务 19.4】

中国建设银行进账单（回单） 1

年　月　日

付款人	全称		收款人	全称										
	账号			账号										
	开户银行			开户银行										
人民币（大写）					千	百	十	万	千	百	十	元	角	分
票据种类		票据张数		建设银行安徽分行 2019.12.09 转讫										
票据号码														
单位主管　复核　记账				出票人开户银行盖章										

此联是开户银行交给持票人的回单

（20）9 日，生产技术部报销一车间扩建发包工程施工费 168 950 元，通过中国建设银行转账支付。

要求：填制银行进账单。

【业务 20.1】

付　款　通　知　书

部门	生产技术部		经办人	赵怀怀
款项用途	一车间扩建发包工程款		付款日期	2019/12/9
付款金额	小写	¥168 950.00	大写	人民币壹拾陆万捌仟玖佰伍拾元整
收款人名称	合肥瑶海建筑安装公司 转讫			
开户行	工行瑶海分理处		账号	340104000055555
财务负责人	唐志诚		公司负责人	景方园

【业务 20.2】

3401185731　　安徽增值税专用发票　　No. 30011158

发票联

开票日期：2019 年 12 月 9 日

<table>
<tr><td rowspan="4">购买方</td><td>名称</td><td colspan="4">安徽惠源电子有限公司</td><td rowspan="4">密码区</td><td colspan="3" rowspan="4">77910i<9-7-6162848<032/52>
22-9/29533-1257-14974
1626<8-3024>82906-2134
5790-47-6<7>3*-/>*></td></tr>
<tr><td>纳税人识别号</td><td colspan="4">91340104000012345N</td></tr>
<tr><td>地址、电话</td><td colspan="4">合肥市泰和路 158 号 0551-55000001</td></tr>
<tr><td>开户行及账号</td><td colspan="4">光大银行蜀山支行 23010001</td></tr>
<tr><td colspan="2">货物或应税劳务、服务名称</td><td>规格型号</td><td>单位</td><td>数量</td><td>单价</td><td>金额</td><td>税率</td><td colspan="2">税额</td></tr>
<tr><td colspan="2">建筑施工费</td><td></td><td></td><td>1</td><td>155 000</td><td>155 000.00</td><td>9%</td><td colspan="2">13 950.00</td></tr>
<tr><td colspan="2">合计</td><td></td><td></td><td></td><td></td><td>155 000.00</td><td></td><td colspan="2">13 950.00</td></tr>
<tr><td colspan="2">价税合计（大写）</td><td colspan="5">人民币壹拾陆万捌仟玖佰伍拾元整</td><td colspan="3">（小写）¥168 950.00</td></tr>
<tr><td rowspan="4">销售方</td><td>名称</td><td colspan="3">合肥瑶海建筑安装公司</td><td rowspan="4">备注</td><td colspan="4" rowspan="4">合肥瑶海建筑安装公司
91340101002135701C
发票专用章</td></tr>
<tr><td>纳税人识别号</td><td colspan="3">91340101002135701C</td></tr>
<tr><td>地址、电话</td><td colspan="3">合肥市铜陵路 355 号 0551-63411345</td></tr>
<tr><td>开户行及账号</td><td colspan="3">工行瑶海分理处 340104000055555</td></tr>
</table>

收款人：汪强　　复核：　　开票人：刘富　　销货方（章）：

第三联 发票联 购货方记账凭证

【业务 20.3】

中国建设银行转账支票存根

支票号码　VI II 1002528

科　　目

对方科目

出票日期 2019 年 12 月 9 日

收款人：合肥瑶海建筑安装公司

金　额：¥168 950.00

用　途：货款

备　注：

单位主管 景方圆　会计 杨瑶霞

复　　核　　　记账

【业务 20.4】

中国建设银行进账单（回单）　1

年　　月　　日

<table>
<tr><td rowspan="3">付款人</td><td>全称</td><td colspan="2"></td><td rowspan="3">收款人</td><td>全称</td><td colspan="10"></td></tr>
<tr><td>账号</td><td colspan="2"></td><td>账号</td><td colspan="10"></td></tr>
<tr><td>开户银行</td><td colspan="2"></td><td>开户银行</td><td colspan="10"></td></tr>
<tr><td colspan="6" rowspan="2">人民币（大写）</td><td>千</td><td>百</td><td>十</td><td>万</td><td>千</td><td>百</td><td>十</td><td>元</td><td>角</td><td>分</td></tr>
<tr><td></td><td></td><td></td><td></td><td></td><td></td><td></td><td></td><td></td><td></td></tr>
<tr><td colspan="2">票据种类</td><td></td><td>票据张数</td><td colspan="12" rowspan="3">建设银行安徽分行营业部
2019.12.09
转讫
出票人开户银行盖章</td></tr>
<tr><td colspan="2">票据号码</td><td colspan="2"></td></tr>
<tr><td colspan="4">单位主管　复核　记账</td></tr>
</table>

此联是开户银行交给持票人的回单

（21）9 日，向蚌埠智能公司销售混合器 200 台，不含税价格 1 000 元/台；接收机 200 台，不含税价格 1 600 元/台；价税合计金额 587 600.00 元，尚未收到货款。

要求：① 填制产成品出库单。

② 填制增值税专用发票（蚌埠智能公司税务登记号：91340201000011353A；地址：蚌埠市自忠路 523 号，电话 0553-33665522；开户银行：工行珠城支行；银行账号：3402011100216）。

【业务 21.1】

安徽增值税专用发票

3401180026 此联不作报销、扣税凭证使用 No. 12345684

开票日期：20 年 月 日

购买方	名称 纳税人识别号 地址、电话 开户行及账号				密码区	0365-1<9-7-615962848<032/52> 204/8527461259/29533-4974 1626<8-3024>82906-2/85274 -47-6<7>2*-/>*>6/85274		
货物或应税劳务、服务名称		规格型号	计量单位	数量	单价	金额	税率	税额
合计								
价税合计（大写）						（小写）¥		
销售方	名称 纳税人识别号 地址、电话 开户行及账号				备注			

收款人： 复核： 开票人： 销货单位（章）：

第一联 记账联 销货方记账凭证

【业务 21.2】

产成品出库单

购货单位： 年 月 日 第 1002 号 单位：元

产品名称	规格型号	计量单位	出库数量	单价	金额	备注

销售部负责人： 仓库经办人： 制单：

第二联 财务记账

（22）10 日，对存货进行盘点，1#芯片盘亏 0.5 百片，价格 200 元/百片；3#芯片盘亏 1 百片，价格 300 元/百片。

【业务 22】

盘 存 表

单位：安徽惠源电子有限公司 2019 年 12 月 10 日

财产类别：原材料 存放地点 原材料库 单位：元

序号	名称	规格	计量单位	实存数量	单价	备注
1	1#芯片	1#	百片	199.5	200	1#芯片盘亏 0.5 百片 3#芯片盘亏 1 百片
2	2#芯片	2#	百片	180	180	
3	3#芯片	3#	百片	299	300	
4	4#芯片	4#	百片	205	205	
5	5#芯片	5#	百片	196	196	
6	6#芯片	6#	百片	190	190	
7	以下略					
8						

盘点人签字：陆嘉、李国忠

（23）10 日，向安庆东方电子公司销售接收机 150 台，不含税价格 1 600 元/台，收到银行承兑汇票一张。

要求：① 填制增值税专用发票。

② 填制产成品出库单。

【业务 23.1】

银行承兑汇票

VII7538

签发日期：贰零壹玖年壹拾贰月壹拾日　　第 5063 号

收款人	全称	安徽惠源有限责任公司		承兑申请人	全称	安庆东方电子公司	
	账号	23010001			账号	340105000022222	
	开户银行	光大银行蜀山支行	行号		开户银行	工行迎江分理处	行号
汇票金额		人民币（大写）贰拾柒万壹仟贰佰元整				百 十 万 千 百 十 元 角 分 ¥ 2 7 1 2 0 0 0 0	
汇票到期日		贰零壹玖年叁月壹拾日		承兑协议编号		13675	交易合同号码
本汇票经本行承兑，到期由本行付交票款 承兑人签章 承兑日期 2019 年 12 月 10 日				汇票签发人盖章 负责 伍中新　经办 崔卜红			

此联收款人开户银行向承兑行收取票款时作出传票收账通知

【业务 23.2】

银行承兑汇票

VII7538

签发日期：贰零壹玖年壹拾贰月壹拾日　　第 5063 号

收款人	全称	安徽惠源电子有限公司		承兑申请人	全称	安庆东方电子公司	
	账号	23010001			账号	340105000022222	
	开户银行	光大银行蜀山支行	行号		开户银行	工行迎江分理处	行号
汇票金额		人民币（大写）贰拾柒万壹仟贰佰元整				百 十 万 千 百 十 元 角 分 ¥ 2 7 1 2 0 0 0 0	
汇票到期日		贰零壹玖年叁月壹拾日		承兑协议编号		13675	交易合同号码
本汇票已经承兑，到期无条件支付票款 承兑人签章 承兑日期 2019 年 12 月 10 日				汇票签发人盖章 负责 伍中新　经办 崔卜红			

此联收款人开户银行收取票款时随报单寄承兑行，承兑行作付出传票附件

【业务 23.3】

3401180026　　安徽增值税专用发票　　No. 12345685

此联不作报销、扣税凭证使用　　开票日期：20 年 月 日

购买方	名称 纳税人识别号 地址、电话 开户行及账号				密码区	0365－1<9－7－615962848<032/52> 204/8527461259/29533－4974 1626<8－3024>82906－2/85274 －47－6<7>2*－/>*>6/85274		
货物或应税劳务、服务名称		规格型号	计量单位	数量	单价	金额	税率	税额
合计								
价税合计（大写）						（小写）¥		
销售方	名称 纳税人识别号 地址、电话 开户行及账号				备注			

收款人：　　复核：　　开票人：　　销货方（章）：

第一联 记账联 销货方记账凭证

【业务 23.1】

一、收款人必须将本汇票和解讫通知同时提交开户银行，两者缺一无效。

二、本汇票经背书可以转让。

被背书人	被背书人	被背书人
背书人签章 年　月　日	背书人签章 年　月　日	背书人签章 年　月　日

（背面）

【业务 23.4】

产成品出库单

购货单位：　　　　　　　　　　　　年　　月　　日　　　　　　　单位：元　　　　　　　第 1003 号

产品名称	规格型号	计量单位	出库数量	单位成本	金额	备注
销售部负责人：			仓库经办人：	制单：		

第二联 财务记账

（24）10 日，向南京合力有限责任公司采购的钢材、电焊条运抵仓库并办理验收入库手续，货款未付。

【业务 24.1】

江苏增值税专用发票

3400180016　　　　　　　　　　　　　　　　　　　　　　　　　No. 20779902

开票日期：2019 年 12 月 10 日

购买方	名称	安徽惠源电子有限公司	密码区	3357−1<9−7−611122348<032/52
	纳税人识别号	91340104000012345N		>9/29533−4567>9/29533
	地址、电话	合肥市泰和路 158 号 0551-55000001		1626<8−3024>82906−2
	开户行及账号	光大银行蜀山支行 23010001		−47−6<7>3*−/>*>

货物或应税劳务、服务名称	规格型号	单位	数量	单价	金额	税率	税额
钢材		千克	1 000	10	10 000.00	13%	1 300.00
电焊条		只	300	15	4 500.00	13%	585.00
合计					14 500.00		1 885.00
价税合计（大写）	人民币壹万陆仟叁佰捌拾伍元整					（小写）¥16 385.00	

销售方	名称	南京合力有限责任公司	备注	
	纳税人识别号	913301040000 05534K5		
	地址、电话	南京市玄武路 1225 号 025-23456777		
	开户行及账号	工行玄武支行 32010400022		

收款人：方文宾　　　　复核：　　　　　　开票人：李思年　　　　　销货方（章）：

第三联 发票联 购货方记账凭证

【业务 24.2】

入库单

入库日期：2019 年 12 月 10 日

供货单位：南京合力有限公司　　　　发票号码：No. 20779902　　　　单位：元　　　　No：002003

类别	材料名称	入库数量	计量单位	单价	金额	备注
辅助材料	钢材	1 000	千克	10	10 000.00	
	电焊条	300	只	15	4 500.00	
合计					14 500	

采购：陈新　　　　　　　　　　财务：李国忠　　　　　　　　　　保管员：陆嘉

第二联：记账联

（25）10日，销售部王静报销运输费3 270元，款项已通过中国光大银行转账支付。

【业务25.1】

付 款 通 知 书

部门	销售部		经办人	王静
款项用途	产品运输费		付款日期	2019/12/10
款金额	小写	¥3 270.00	大写	人民币叁仟贰佰柒拾元整
收款人名称	转讫 合肥蜀山货物运输有限公司			
开户行	徽商银行包河支行		账号	31002222
财务负责人	唐志诚		公司负责人	景方园

【业务25.2】

3401184316　　安徽增值税专用发票　　No. 63001228

全国统一发票监制章 国家税务总局监制 安徽 发票联

开票日期：2019年12月10日

购买方	名称	安徽惠源电子有限公司				密码区	1257－1<9－7－6162848<032/52>		
	纳税人识别号	91340104000012345N					9/29533－4974		
	地址、电话	合肥市泰和路158号 0551-55000001					1626<8－3024>82906－2		
	开户行及账号	光大银行蜀山支行 23010001					－47－6<7>3*－/>*>		
货物或应税劳务、服务名称		规格型号	单 位	数 量	单价		金 额	税率	税 额
运输服务费							3 000.00	9%	270.00
合计							3 000.00		270.00
价税合计（大写）		人民币叁仟贰佰柒拾元整					（小写）¥3 270.00		
销售方	名称	合肥蜀山货物运输有限公司			备注	起运地：合肥到达地：蚌埠			
	纳税人识别号	91340101000003564X				收货人：蚌埠智能公司			
	地址、电话	庐阳区长江路1126号 0551-23456888							
	开户行及账号	徽商银行包河支行 31003333				货物名称：混合器、接收机，400箱			

收款人：汪强　　复核：　　开票人：刘富　　销货方（章）：

合肥蜀山货物运输有限公司 91340101000003564X 发票专用章

第三联 发票联 购货方记账凭证

【业务25.3】

光大银行进账单（回单） 1

年 月 日

付款人	全称		收款人	全称											
	账号			账号											
	开户银行			开户银行											
人民币（大写）					千	百	十	万	千	百	十	元	角	分	
票据种类		票据张数		光大银行蜀山支行 2019.12.10 转讫											
票据号码															
单位主管 复核 记账				出票人开户银行盖章											

此联是开户银行交给持票人的回单

【业务25.4】

光大银行转账支票存根

支票号码 VI II 02568828

科　　目

对方科目

出票日期 2019年12月10日

收款人：合肥蜀山货物运输有限公司

金　额：¥3 270.00

用　途：运输费

备　注：

单位主管 景方圆　会计 杨瑶霞

复　　核　　　　记账

（26）11日，收回2015年以作为坏账核销的芜湖启天商贸公司货款4 000元。

【业务26】

光大银行电汇凭证（收账通知）

委托日期 2019年12月11日　　　　第　　号

<table>
<tr><td rowspan="3">付款人</td><td>全称</td><td colspan="3">芜湖启天商贸公司</td><td rowspan="3">收款人</td><td>全称</td><td colspan="3">安徽惠源电子有限公司</td></tr>
<tr><td>账号或住址</td><td colspan="3">芜湖迎江区长江路
3420105000021199</td><td>账号或住址</td><td colspan="3">合肥蜀山区泰和路
23010001</td></tr>
<tr><td>汇出地点</td><td>安徽芜湖市（县）</td><td>汇出行名称</td><td>工行鸠江支行</td><td>汇入地点</td><td>安徽省合肥市（县）</td><td>汇入行名称</td><td>光大银行蜀山支行</td></tr>
<tr><td>金额</td><td colspan="6">人民币（大写）肆仟元整</td><td colspan="3">¥4 000.00</td></tr>
<tr><td colspan="7">汇款用途：　　货款</td><td colspan="3" rowspan="3">汇出行盖章
光大银行蜀山支行 2019.12.11 业务章
2019年12月11日</td></tr>
<tr><td colspan="7"></td></tr>
<tr><td colspan="7">单位主管　　会计　　复核　　记账</td></tr>
</table>

此联汇出行给收款人的回单

（27）11日，湖北安天机械厂2013年因购买产品欠安徽惠源电子有限公司货款234 000元。由于湖北安天机械厂财务状况恶化，现金流量不足，不能按合同规定支付货款，双方达成协议，湖北安天机械厂支付安徽惠源电子有限公司货款180 000元，余款不再偿还。该项应收账款已计提坏账准备10 000元。湖北安天机械厂当日支付货款180 000元。

【业务 27.1】

债务重组协议

甲方：湖北安天机械厂

乙方：安徽惠源电子有限公司

甲方 2013 年因购买乙方产品形成 234 000 元的债务至今未按期偿还乙方，由于甲方财务状况未得到改善，资金周转困难，不能按合同规定支付货款，向乙方申请进行债务重组，为保障乙方利益，同时考虑甲方实际财务状况，缓解甲方的资金困难，经协商，双方达成如下协议：

乙方同意甲方于协议签署日支付欠款 180 000 元，余款 54 000 元作为乙方对甲方的让步，不再追偿。

本协议一式两份，双方各执一份，于签字之日起生效。

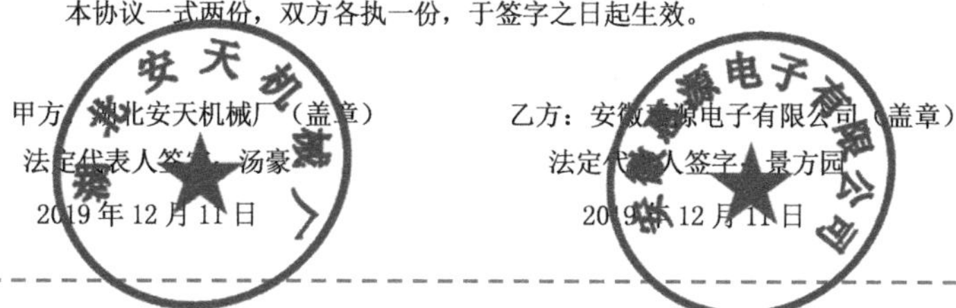

甲方：湖北安天机械厂（盖章）　　乙方：安徽惠源电子有限公司（盖章）

法定代表人签字：汤豪　　法定代表人签字：景方园

2019 年 12 月 11 日　　2019 年 12 月 11 日

【业务 27.2】

收　据

入账日期：　2019 年 12 月 11 日

交款单位：	湖北安天机械厂	收款方式	电汇
人民币（大写）	壹拾捌万元整	¥：	180 000.00
收款事由：	货款		
			2019 年 12 月 11 日

第三联 记账联

单位盖章　　财务负责人：唐至诚　　出纳：杨瑶霞

【业务 27.3】

光大银行电汇凭证（收账通知）

委托日期　2019 年 12 月 11 日　　　　第　号

付款人	全称	湖北安天机械厂			收款人	全称	安徽惠源电子有限公司		
	账号或住址	武汉大江区长江路 420105000022222				账号或住址	合肥蜀山区泰和路 23010001		
	汇出地点	湖北省武汉市（县）	汇出行名称	工行大江分理处		汇入地点	安徽省合肥市（县）	汇入行名称	光大银行蜀山支行
金额	人民币（大写）壹拾捌万元整						¥180 000.00		
汇款用途：	货款						汇出行盖章 2019 年 12 月 11 日		

此联汇出行给收款人的回单

单位主管　　会计　　复核　　记账

（28）13 日，生产技术部从仓库领用钢材 100 千克用于一车间扩建工程。

【业务 28】

领料单

出库日期：2019 年 12 月 11 日　　　　　No：000001

领料单位：生产技术部　　　　　材料用途：一车间扩建工程

材料名称	规格型号	计量单位	请领数量	实发数量	单价（元）	金额（元）	备注
钢材		千克	100	100	10	1 000	
合计							

第二联：记账联

批准人：景方园　　　　领用部门负责人：章明清　　　　请领人：王宾　　　　发货人：陆嘉

（29）12 日，根据“工资汇总表”，委托中国光大银行代发工资。

【业务 29.1】

光大银行单位客户专用回单

2019/12/12　　　　　流水号：34011212816　P/L

付款人	全称	安徽惠源电子有限公司	收款人	全称	个人/单位存款
	账号	23010001		账号	D1CN000016A031PA01170156T10
	开户银行	光大银行蜀山支行		开户银行	
转账时间		2019/12/12 14:58	转账金额		¥172 210.50
手续费		¥0.00	转账金额大写		人民币（大写）壹拾柒万贰仟贰佰壹拾元零伍角
电子回单号		20[illegible]123198274890	用途		工资
电子回单验证码		8b8c46e5ad456d83ab90c563ch			
银行盖章			上述款项已按委托办理。 重要提示：电子回单可重复打印，请勿重复记账。		

交易柜员：K00E00400　　　　　交易结构 340111208

此联是出票人开户银行给出票人的回单

【业务 29.2】

安徽惠源电子有限公司 2019 年 12 月份工资汇总表

（元）

部门		基本工资	岗位工资	业绩工资	应扣款项	应付工资	代扣款项						实发工资
							养老保险	失业保险	医疗保险	住房公积金	个人所得税	小计	
一车间	生产工人	20 000.00	4 900.00	11 000.00	1 120.00	34 780.00	2 782.40	173.90	695.60	3 478.00	115.8	7 245.70	27 534.30
	管理人员	2 000.00	600.00	700.00		3 300.00	264.00	16.50	66.00	330.00	68.2	744.70	2 555.30
	小计	22 000.00	5 500.00	11 700.00	1 120.00	38 080.00	3 046.40	190.40	761.60	3 808.00	184	7 990.40	30 089.60
二车间	生产工人	20 000.00	5 000.00	11 500.00	1 300.00	35 200.00	2 816.00	176.00	704.00	3 520.00	69.5	7 285.50	27 914.50
	管理人员	2 100.00	500.00	700.00		3 300.00	264.00	16.50	66.00	330.00	46.2	722.70	2 577.30
	小计	22 100.00	5 500.00	12 200.00	1 300.00	38 500.00	3 080.00	192.50	770.00	3 850.00	115.7	8 008.20	30 491.80
装配车间	生产工人	17 000.00	3 100.00	11 500.00		31 600.00	2 528.00	158.00	632.00	3 160.00	80	6 558.00	25 042.00
	管理人员	2 400.00	510.00	700.00		3 610.00	288.80	18.05	72.20	361.00	40	780.05	2 829.95
	小计	19 400.00	3 610.00	12 200.00	0.00	35 210.00	2 816.80	176.05	704.20	3 521.00	120	7 338.05	27 871.95
机修车间		12 000.00	3 000.00	5 100.00	100.00	20 000.00	1 600.00	100.00	400.00	2 000.00	69.2	4 169.20	15 830.80
办公室		11 000.00	3 000.00	6 800.00	110.00	20 690.00	1 655.20	103.45	413.80	2 069.00	352.6	4 594.05	16 095.95
财务部		8 000.00	2 800.00	7 500.00	100.00	18 200.00	1 456.00	91.00	364.00	1 820.00	402.6	4 133.60	14 066.40
人力资源部		5 000.00	1 500.00	2 000.00		8 500.00	680.00	42.50	170.00	850.00	261.2	2 003.70	6 496.30
采购部		6 000.00	2 000.00	5 000.00	110.00	12 890.00	1 031.20	64.45	257.80	1 289.00	224.5	2 866.95	10 023.05
销售部		8 900.00	5 200.00	5 600.00	150.00	19 550.00	1 564.00	97.75	391.00	1 955.00	235.1	4 242.85	15 307.15
生产技术部		3 100.00	1 900.00	2 800.00		7 800.00	624.00	39.00	156.00	780.00	263.5	1 862.50	5 937.50
合计		117 500.00	34 010.00	70 900.00	2 990.00	219 420.00	17 553.60	1 097.10	4 388.40	21 942.00	2 228.40	47 209.5	172 210.50

人力资源部：盖章

（30）12 日，根据“工资汇总表”，结转本月代扣款项。

（31）12 日，按规定比例计提 12 月份工会经费和职工教育经费，根据工时资料，在有关产品之间进行人工费用分配，相关单证如下所示。

【业务 31】

工会经费、职工教育经费计算表

2019 年 12 月 12 日　　单位：元

序号	部门		产品	工资	工会经费（2%）	职工教育经费（1.5%）	合计
1	一车间	生产工人	CPU	18 114.58	362.29	271.72	634.01
			中频处理器	16 665.42	333.31	249.98	583.29
		管理人员		3 300.00	66.00	49.50	115.50
2	二车间	生产工人	耦合器	17 533.83	350.68	263.01	613.68
			放大模块	17 666.17	353.32	264.99	618.32
		管理人员		3 300.00	66.00	49.50	115.50
3	装配车间	生产工人	接收机	15 269.91	305.40	229.05	534.45
			混合器	16 330.09	326.60	244.95	571.55
		管理人员		3 610.00	72.20	54.15	126.35
4	机修车间			20 000.00	400.00	300.00	700.00
5	办公室			20 690.00	413.80	310.35	724.15
6	财务部			18 200.00	364.00	273.00	637.00
7	人力资源部			8 500.00	170.00	127.50	297.50
8	采购部			12 890.00	257.80	193.35	451.15
9	销售部			19 550.00	391.00	293.25	684.25
10	生产技术部			7 800.00	156.00	117.00	273.00
	合计			219 420.00	4 388.40	3 291.30	7 679.70

人力资源部（章）

（32）12 日，按规定比例计提 12 月份养老保险、失业保险、医疗保险、工伤保险、生育保险和住房公积金，根据工时资料，在有关产品之间进行人工费用分配，相关单证如下所示。

【业务 32】

社会保险、住房公积金计算表

2019 年 12 月 12 日　　单位：元

序号	部门		产品	工资	养老保险（16%）	医疗保险（7%）	失业保险（1%）	工伤保险（0.4%）	生育保险（1%）	住房公积金（10%）	合计
1	一车间	生产工人	CPU	18 114.58	3 441.77	1 268.02	181.15	72.46	181.15	1 811.46	6 956.00
			中频处理器	16 665.42	3 166.43	1 166.58	166.65	66.66	166.65	1 666.54	6 399.52
		管理人员		3 300.00	627.00	231.00	33.00	13.20	33.00	330.00	1 267.20
2	二车间	生产工人	耦合器	17 533.83	3 331.43	1 227.37	175.34	70.14	175.34	1 753.38	6 732.99
			放大模块	17 666.17	3 356.57	1 236.63	176.66	70.66	176.66	1 766.62	6 783.81
		管理人员		3 300.00	627.00	231.00	33.00	13.20	33.00	330.00	1 267.20
3	装配车间	生产工人	接收机	15 269.91	2 901.28	1 068.89	152.70	61.08	152.70	1 526.99	5 863.65
			混合器	16 330.09	3 102.72	1 143.11	163.30	65.32	163.30	1 633.01	6 270.75
		管理人员		3 610.00	685.90	252.70	36.10	14.44	36.10	361.00	1 386.24
4	机修车间			20 000.00	3 800.00	1 400.00	200.00	80.00	200.00	2 000.00	7 680.00
5	办公室			20 690.00	3 931.10	1 448.30	206.90	82.76	206.90	2 069.00	7 944.96
6	财务部			18 200.00	3 458.00	1 274.00	182.00	72.80	182.00	1 820.00	6 988.80
7	人力资源部			8 500.00	1 615.00	595.00	85.00	34.00	85.00	850.00	3 264.00
8	采购部			12 890.00	2 449.10	902.30	128.90	51.56	128.90	1 289.00	4 949.76
9	销售部			19 550.00	3 714.50	1 368.50	195.50	78.20	195.50	1 955.00	7 507.20
10	生产技术部			7 800.00	1 482.00	546.00	78.00	31.20	78.00	780.00	2 995.20
	合计			219 420.00	41 689.80	15 359.40	2 194.20	877.68	2 194.20	21 942.00	84 257.28

人力资源部（章）

（33）13 日，通过中国光大银行向合肥市社会保险基金管理中心缴纳本月养老保险、医疗保险、失业保险、工伤保险、生育保险；向合肥住房公积金管理中心缴纳住房公积金 30 670.57 元，款项已划转，相关单证如下所示。

【业务 33.1】

安徽省 保险费通用缴款书 （养老）

经济类型： 填发日期：2019 年 12 月 13 日 征收机关：合肥市税务局基金办

缴款单位	代码	24212649734142		缴款所属日期	起始日期： 2019 年 12 月 1 日	
	全称	安徽惠源电子有限公司			截止日期： 2019 年 12 月 31 日	
	开户银行	光大银行蜀山支行		限缴日期	2019 年 12 月 15 日	
	账号	23010001		收款国库	合肥市金库	科目代码 33016501
项目		缴费人数	缴费基数	缴费率	应缴金额	实缴金额
单位		58	219 420.00	0.16	41 689.80	¥59 243.40
个人		58	219 420.00	0.08	17 553.60	
逾期不缴按日加收 2‰加收滞纳金						
金额合计		（大写）伍万玖仟贰佰肆拾叁元肆角				
缴款单位(人)（盖章） 经办人（章）		税务机关（盖章） 填票人（章）	上列款项已收妥并划转收款单位账户 国库（银行）盖章 2019 年 12 月 13 日			备注：

【业务 33.2】

安徽省 保险费通用缴款书 （失业）

经济类型： 填发日期：2019 年 12 月 13 日 征收机关：合肥市税务局基金办

缴款单位	代码	24212649734142		缴款所属日期	起始日期： 2019 年 12 月 1 日	
	全称	安徽惠源电子有限公司			截止日期： 2019 年 12 月 31 日	
	开户银行	光大银行蜀山支行		限缴日期	2019 年 12 月 15 日	
	账号	23010001		收款国库	合肥市金库	科目代码 49206302
项目		缴费人数	缴费基数	缴费率	应缴金额	实缴金额
单位		58	219 420	0.01	2 194.20	¥3 291.30
个人		58	219 420	0.005	1 097.10	
逾期不缴按日加收 2‰加收滞纳金						
金额合计		（大写）叁仟贰佰玖拾壹元叁角				
缴款单位(人)（盖章） 经办人（章）		税务机关（盖章） 填票人（章）	上列款项已收妥并划转收款单位账户 国库（银行）盖章 2019 年 12 月 13 日			备注：

第一联（收据）国库经收处收款盖章后退缴款单位（个人）作缴纳社会保险费的依据

【业务33.3】

安徽省 保险费通用缴款书 （医疗）

经济类型： 填发日期：2019年12月13日 征收机关：合肥市税务局基金办

缴款单位						
缴款单位	代码	24212649734142		缴款所属日期	起始日期：2019年12月1日	
	全称	安徽惠源电子有限公司			截止日期：2019年12月31日	
	开户银行	光大银行蜀山支行		限缴日期	2019年12月15日	
	账号	23010001		收款国库	合肥市金库	科目代码 33206501
项目		缴费人数	缴费基数	缴费率	应缴金额	实缴金额
单位		58	219 420.00	0.07	15 359.40	¥19 747.80
个人		58	219 420.00	0.02	4 388.40	
逾期不缴按日加收2‰加收滞纳金						
金额合计		（大写）壹万玖仟柒佰肆拾柒元捌角				
缴款单位(人)(盖章) 经办人（章）		税务机关 （盖章） 填票人（章）	上列款项已收妥并划转收款单位账户 国库（银行）盖章 2019年12月13日			备注：

【业务33.4】

安徽省 保险费通用缴款书 （工伤）

经济类型： 填发日期：2019年12月13日 征收机关：合肥市税务局基金办

缴款单位						
缴款单位	代码	24212649734142		缴款所属日期	起始日期：2019年12月1日	
	全称	安徽惠源电子有限公司			截止日期：2019年12月31日	
	开户银行	光大银行蜀山支行		限缴日期	2019年12月15日	
	账号	23010001		收款国库	合肥市金库	科目代码 33016501
项目		缴费人数	缴费基数	缴费率	应缴金额	实缴金额
单位		58	219 420.00	0.004	877.68	¥877.68
逾期不缴按日加收2‰加收滞纳金						
金额合计		（大写）捌佰柒拾柒元陆角捌分				
缴款单位(人)(盖章) 经办人（章）		税务机关 （盖章） 填票人（章）	上列款项已收妥并划转收款单位账户 国库（银行）盖章 2019年12月13日			备注：

【业务 33.5】

安徽省　　保险费通用缴款书　　（生育）

经济类型：　　　　填发日期：2019 年 12 月 13 日　　　　征收机关：合肥市税务局基金办

<table>
<tr><td rowspan="4">缴款单位</td><td>代码</td><td colspan="2">24212649734142</td><td rowspan="2">缴款所属日期</td><td>起始日期：</td><td colspan="2">2019 年 12 月 1 日</td></tr>
<tr><td>全称</td><td colspan="2">安徽惠源电子有限公司</td><td>截止日期：</td><td colspan="2">2019 年 12 月 31 日</td></tr>
<tr><td>开户银行</td><td colspan="2">光大银行蜀山支行</td><td>限缴日期</td><td colspan="3">2019 年 12 月 15 日</td></tr>
<tr><td>账号</td><td colspan="2">23010001</td><td>收款国库</td><td>合肥市金库</td><td>科目代码</td><td>33016501</td></tr>
<tr><td colspan="2">项目</td><td>缴费人数</td><td>缴费基数</td><td>缴费率</td><td>应缴金额</td><td colspan="2">实缴金额</td></tr>
<tr><td colspan="2">单位</td><td>58</td><td>219 420.00</td><td>0.01</td><td>2 194.20</td><td colspan="2" rowspan="4">¥2 194.20</td></tr>
<tr><td colspan="2">个人</td><td></td><td></td><td></td><td></td></tr>
<tr><td colspan="6">逾期不缴按日加收 2‰加收滞纳金</td></tr>
<tr><td colspan="2">金额合计</td><td colspan="4">（大写）贰仟壹佰玖拾肆元贰角</td></tr>
<tr><td colspan="2">缴款单位（人）（盖章）
经办人（章）</td><td>税务机关
（盖章）
填票人（章）</td><td colspan="3">上列款项已收妥并划转收款单位账户
国库（银行）盖章　2019 年 12 月 13 日</td><td colspan="2">备注：</td></tr>
</table>

【业务 33.6】

光大银行电子缴税付款凭证

汇款/托收贷记通知

转账日期：2019 年 12 月 13 日　　　　凭证字号：2019121100216552

纳税人编号：91340104000012345N

交款人名称：安徽惠源电子有限公司

开户行账号：23010001　　　　征收机关：合肥市税务局基金办

交款人开户银行：光大银行蜀山支行　　　　收款国库（银行）名称：国家金库合肥市中心支库

小写金额：¥85 354.38　　　　交款书交易流水号：00297716

大写金额：捌万伍仟叁佰伍拾肆元叁角捌分　　税票号码：01080210081111

税种名称	所属期限	实缴金额
生育保险基金	2019.12.01 至 2019.12.31	¥877.68
医疗保险基金	2019.12.01 至 2019.12.31	¥19 74[illegible]0
养老保险基金	2019.12.01 至 2019.12.31	¥59 243.40
工伤保险基金	2019.12.01 至 2019.12.31	¥2 194.20
失业保险基金	2019.12.01 至 2019.12.31	¥3 291.30

第二联 作付款回单（无银行收讫章无效）　　打印时间 2019/12/13　14:30:56

复核　　　记账

【业务 33.7】

住房公积金汇（补）缴书

2019 年 12 月 13 日

<table>
<tr><td rowspan="3">付款人</td><td>单位名称</td><td>安徽惠源电子有限公司</td><td rowspan="3">收款人</td><td>单位名称</td><td colspan="10">合肥市住房公积金管理中心</td></tr>
<tr><td>账号</td><td>23010001</td><td>公积金账号</td><td colspan="10">31100142246778</td></tr>
<tr><td>开户银行</td><td>光大银行蜀山支行</td><td>开户银行</td><td colspan="10">中国银行芜湖路支行</td></tr>
<tr><td colspan="2">缴款类型</td><td>汇缴</td><td colspan="2">补缴原因</td><td colspan="10"></td></tr>
<tr><td colspan="2">缴款方式</td><td>转账</td><td colspan="2">缴款时间</td><td colspan="10">2018/12/13</td></tr>
<tr><td colspan="2">缴款人数</td><td colspan="3">58 人</td><td>千</td><td>百</td><td>十</td><td>万</td><td>千</td><td>百</td><td>十</td><td>元</td><td>角</td><td>分</td></tr>
<tr><td colspan="2">金额（大写）</td><td colspan="3">人民币肆万叁仟捌佰捌拾肆元整</td><td></td><td></td><td>¥</td><td>4</td><td>3</td><td>8</td><td>8</td><td>4</td><td>0</td><td>0</td></tr>
<tr><td colspan="15">上述款项已划转至市住房公积金存款账户内
光大银行蜀山支行 2019.12.13 转讫
单位主管　会计　复核　记账</td></tr>
</table>

第四联 付款单位开户行给付款单位的回单

（34）14 日，向合肥昌达元件厂销售接收机 150 台，不含税价格 1 600 元/台，收到商业承兑汇票一张，票面金额 271 200 元，相关单证如下所示。

要求：① 填制产成品出库单。

② 填制增值税专用发票（合肥昌达元件厂税务登记号：91340103000018353A；地址：合肥市梦龄路 852 号，电话 0551-55665522；开户银行：中国工商银行相山支行；银行账号：3401011000821）。

【业务 34.1】

商业承兑汇票　　II6578

签发日期：贰零壹玖年壹拾贰月壹拾肆日　　第　　号

<table>
<tr><td rowspan="3">付款人</td><td>全称</td><td colspan="3">合肥昌达元件厂</td><td rowspan="3">收款人</td><td>全称</td><td colspan="9">安徽惠源电子有限公司</td></tr>
<tr><td>账号</td><td colspan="3">3401011000821</td><td>账号</td><td colspan="9">23010001</td></tr>
<tr><td>开户银行</td><td>工行相山支行</td><td>行号</td><td></td><td>开户银行</td><td colspan="9">光大银行蜀山支行</td></tr>
<tr><td colspan="2" rowspan="2">汇票金额</td><td colspan="5" rowspan="2">人民币（大写）贰拾柒万壹仟贰佰元整</td><td>百</td><td>十</td><td>万</td><td>千</td><td>百</td><td>十</td><td>元</td><td>角</td><td>分</td></tr>
<tr><td>¥</td><td>2</td><td>7</td><td>1</td><td>2</td><td>0</td><td>0</td><td>0</td><td>0</td></tr>
<tr><td colspan="2">汇票到期日</td><td colspan="3">贰零贰零年零贰月壹拾肆日</td><td colspan="2">交易合同号码</td><td colspan="9"></td></tr>
<tr><td colspan="5">本汇票已经承兑，到期无条件支付票款
合肥昌达元件厂
承兑人签章
承兑日期　2019 年 12 月 14 日</td><td colspan="11">本汇票请予以承兑，于到期日付款
安徽惠源电子有限公司
出票人签章</td></tr>
</table>

联 收款人开户银行随委托收款凭证寄付款人开户行作借方凭证附件

（正面）

【业务 34.1】

被背书人	被背书人	被背书人
背书人签章 年 月 日	背书人签章 年 月 日	背书人签章 年 月 日

（背面）

【业务 34.2】

商业承兑汇票

II6578

签发日期：贰零壹玖年壹拾贰月壹拾肆日　　　　第　　号

付款人	全称	合肥昌达元件厂			收款人	全称	安徽惠源电子有限公司									
	账号	3401011000821				账号	23010001									
	开户银行	工行相山支行	行号			开户银行	光大银行蜀山支行									
汇票金额		人民币（大写）贰拾柒万壹仟贰佰元整						百	十	万	千	百	十	元	角	分
								¥	2	7	1	2	0	0	0	0
汇票到期日		贰零贰零年零贰月壹拾肆日				交易合同号码										
备注						负责　李亚新　　经办　崔娟红										

此联签发人存查

【业务 34.3】

安徽增值税专用发票

3401180026　　　　No. 12345686

此联不作报销、扣税凭证使用　　　　开票日期：20　年　月　日

购买方	名称 纳税人识别号 地址、电话 开户行及账号				密码区	0365－1<9－7－615962848<032/52> 204/8527461259/29533－4974 1626<8－3024>82906－2/85274 －47－6<7>2*－/>*>6/85274	
货物或应税劳务、服务名称	规格型号	计量单位	数量	单价	金额	税率	税额
合计							
价税合计（大写）						（小写）¥	
销售方	名称 纳税人识别号 地址、电话 开户行及账号			备注			

第一联　记账联　销货方记账凭证

收款人：　　复核：　　开票人：　　销货方（章）：

【业务 34.4】

产成品出库单

购货单位：　　　　年　月　日　　　　单位：元　　　　第 1004 号

产品名称	规格型号	计量单位	出库数量	单位成本	金额	备注

第二联　财务记账

销售部负责人：　　仓库经办人：　　制单：

（35）15 日，从中国光大银行提取 6 500 元现金备用。

【业务 35】

光大银行现金支票存根

支票号码　VI II 02568828

科　　目

对方科目

出票日期 2019 年 12 月 15 日

收款人：安徽惠源电子有限公司

金　额：¥6 500.00

用　途：备用金

备　注：

单位主管 景方圆　会计 杨瑶霞

复　　核　　　　记账

（36）15 日，向合肥朝阳工具厂订购生产工具 2#，50 件；修理工具 1#，20 件；修理工具 2#，30 件；已验收入库，余款 19 690.5 元通过光大银行转账支付。

要求：填制银行进账单。

【业务 36.1】

入库单

入库日期：2019 年 12 月 15 日

供货单位：合肥朝阳工具厂　　单位：元　　发票号码：No：000003

类别	材料名称	入库数量	计量单位	单　价	金　额	备　注
低值易耗品	生产工具 2#	50	件	260	13 000	
	修理工具 1#	20	件	150	3 000	
	修理工具 2#	30	件	195	5 850	
合计		100			21 850	

第二联：记账联

负责人：　　财务：李国忠　　保管员：汤豪

【业务 36.2】

付　款　通　知　书

部门	生产技术部		经办人	章明清
款项用途	购买生产工具		付款日期	2019/12/15
付款金额	小写	¥19 690.50	大写	人民币壹万玖仟陆佰玖拾元零伍角整
收款人名称	合肥朝阳工具厂			
开户行	工行淮河分理处		账号	340101000123
财务负责人	唐志诚		公司负责人	景方园

转讫

【业务 36.3】

安徽增值税专用发票

发票联

3401180016　　No. 18330670

开票日期：2018 年 12 月 15 日

购买方	名称	安徽惠源电子有限公司			密码区	1257－1<9－7－6162848<032/52>		
	纳税人识别号	91340104000012345N				9/29533－4974		
	地址、电话	合肥市泰和路 158 号 0551-55000001				1626<8－3024>82906－2		
	开户行及账号	光大银行蜀山支行 23010001				－47－6<7>3*－/>*>－47－6<7		

货物或应税劳务、服务名称	规格型号	单位	数量	单价	金额	税率	税额
生产工具	2#	件	50	260	13 000.00	13%	1 690.00
修理工具	1#	件	20	150	3 000.00	13%	390.00
修理工具	2#	件	30	195	5 850.00	13%	760.50
合计					21 850.00		2 840.50
价税合计（大写）	人民币贰万肆仟陆佰玖拾元零伍角整					（小写）¥24 690.50	

销售方	名称	合肥朝阳工具厂	备注	合肥朝阳工具厂 91340102000045 6251 发票专用章
	纳税人识别号	913401020000456251		
	地址、电话	合肥市太湖路 1225 号 0551-423456777		
	开户行及账号	工行淮河分理处 340101000123		

收款人：方柳　　复核：　　开票人：王睿　　销货方（章）：

第三联 发票联 购货方记账凭证

【业务 36.4】

光大银行进账单（回单）　1

年　　月　　日

付款人	全称		收款人	全称	
	账号			账号	
	开户银行			开户银行	

人民币（大写）	千	百	十	万	千	百	十	元	角	分

票据种类		票据张数		光大银行蜀山支行 2019.12.05 转讫
票据号码				
单位主管　复核　记账				出票人开户银行盖章

此联是开户银行交给持票人的回单

【业务 36.5】

光大银行转账支票存根

支票号码　VI II 02568829

科　　目

对方科目

出票日期　2019 年 12 月 15 日

收款人：合肥朝阳工具厂

金　额：¥19 690.50

用　途：货款

备　注：

单位主管　景方圆　会计　杨瑶霞

复　　核　　　　　记账

（37）15日，从美国汤姆电子公司进口电子设备1台，价值25 200美元，通过光大银行支付进口关税、增值税等税费人民币31 488.66元，设备已交付装配车间使用。当日美元的市场汇率为1美元＝6.70元人民币，货款尚未支付（外币发票略）。

【业务37.1】

芜湖海关进口关税专用缴款书

收款系统：海关系统　　填发日期：2019年12月15日　　号码：No. 0135－A05

收款单位	收入机关	中央金库		缴款单位	名称	安徽惠源电子有限公司
	科目	进口关税	预算级次：中央		账号	23010001
	收款国库	工行国库 340205001778			开户银行	光大银行蜀山支行
税号	货物名称	数量	单位	完税价格（¥）	税率（%）	税款金额（¥）
	光电传输机	1	台	168 840.00	5	8 442.00
金额人民币（大写）捌仟肆佰肆拾贰元整				合计（¥）8 442.00		
申请单位编号		报关单编号		填制单位		收款国库（银行）
合同（批文）号		运输工具		芜湖海关 8号 征税专用章		中国工商银行镜湖支行 2019.12.15 转讫
缴款期限		提/装货单号				
备注	一般征税					

【业务37.2】

芜湖海关代征增值税专用缴款书

收款系统：海关系统　　填发日期：2019年12月15日　　号码：No. 0136－A05

收款单位	收入机关	中央金库		缴款单位	名称	安徽惠源电子有限公司
	科目	代征增值税	预算级次：中央		账号	23010001
	收款国库	工行国库 340205001778			开户银行	光大银行蜀山支行
税号	货物名称	数量	单位	完税价格（¥）	税率（%）	税款金额（¥）
	光电传输机	1	台	177 282.00	13	23 046.66
金额人民币（大写）贰万叁仟零肆拾陆元陆角陆分				合计（¥）23 046.66		
申请单位编号		报关单编号		填制单位		收款国库（银行）
合同（批文）号		运输工具		芜湖海关 8号 征税专用章		中国工商银行镜湖支行 2019.12.15 转讫
缴款期限		提/装货单号				
备注	一般征税					

【业务 37.3】

安徽惠源电子有限公司

固定资产验收单

2019 年 12 月 15 日

名称	规格型号	单位	数量	设备原值（元）	预计使用年限	使用部门	预计净残值
光电传输机	KV-11	台	1	177 282.00	10	装配车间	0
合计				177 282.00			
备注							

部门负责人：汪侠　　　　　实物负责人：刘文雯

【业务 37.4】

光大银行电子缴税付款凭证

汇款/托收贷记通知

转账日期：2019 年 12 月 15 日　　　　凭证字号：2018120500297716

纳税人编号：91340104000012345N

交款人名称：安徽惠源电子有限公司

开户行账号：23010001　　　　征收机关：芜湖海关

交款人开户银行：光大银行蜀山支行　　　　收款国库（银行）名称：国家金库芜湖市中心支库

小写金额：¥31 488.66　　　　交款书交易流水号：00297716

大写金额：叁万柒仟壹佰肆拾肆元捌角整　　　　税票号码：0108[illegible]

税种名称	所属期限	实缴金额
增值税	2019. 12. 15	¥8 442.00
关　税	2019. 12. 15	¥23 [illegible]

第二联 作付款回单（无银行收讫章无效）　　打印时间 2019.12.15 10:30:44

复核　　记账

（38）15 日，办公室报销组织先进工作者旅游费用 4 855 元，出纳以现金付讫。

【业务 38.1】

单　据　报　销　封　面

编号：

开支项目　工会经费　　附单据张数　1　　附件张数

共报销人民币（大写）肆仟捌佰伍拾伍元整　　¥4 855.00

报销人部门：办公室	签名：王芳		日期：2019 年 12 月 15 日
负责人审批意见： 同意报销。 景方园 2019 年 12 月 15 日	财务审核意见： 同意报销。 唐至诚 2019 年 12 月 15 日	部门意见： 属实。 黄奇 2019 年 12 月 15 日	说明： 工会组织职工旅游费用。 王芳 2019 年 12 月 15 日

【业务 38.2】

安徽增值税普通发票

安徽 发票联

3401184336　　　　No. 63001228

开票日期：2019 年 12 月 15 日

购买方	名称	安徽惠源电子有限公司			密码区	1257－1<9－7－6162848<032/52> 1-56712-9*7733-1/29533－4974 33-1626<8－3024>82906－2 1010－47－62290<7>3*－/>*>		
	纳税人识别号	91340104000012345N						
	地址、电话	合肥市泰和路 158 号 0551-55000001						
	开户行及账号	光大银行蜀山支行 23010001						
货物或应税劳务、服务名称	规格型号	单　位	数　量	单　价	金　额	税　率	税　额	
旅游服务费			1	4 713.59	4 713.59	3%	141.41	
合计					4 713.59		141.41	
价税合计（大写）	人民币肆仟捌佰伍拾伍元整					（小写）¥4 855.00		
销售方	名称	合肥金湖旅游有限公司			备注	合肥金湖旅游有限公司 91340101000003576K 发票专用章		
	纳税人识别号	91340101000003576K						
	地址、电话	庐阳区长江路 1125 号 0551-23456555						
	开户行及账号	徽商银行包河支行 31002211						

收款人：汪强　　复核：　　开票人：刘富　　销货方（章）

第二联 发票联 购货方记账凭证

（39）15 日，向芜湖惠普公司销售混合器 150 台，不含税价格 1 000 元/台；接收机 100 台，不含税价格 1 600 元/台；对方尚未支付货款。

要求：① 填制产成品出库单。

② 填制增值税专用发票（芜湖惠普公司税务登记号：91340301000035111A；地址：芜湖市镜湖路 6852 号，电话 0552-55667822；开户银行：中国建设银行中心支行；账号：3403011002116。）

【业务 39.1】

安徽增值税专用发票

安徽 此联不作报销、扣税凭证使用

3401180026　　　　No. 12345688

开票日期：20　年　月　日

购买方	名称				密码区	0365－1<9－7－615962848<032/52> 204/8527461259/29533－4974 1626<8－3024>82906－2/85274 －47－6<7>2*－/>*>6/85274		
	纳税人识别号							
	地址、电话							
	开户行及账号							
货物或应税劳务、服务名称	规格型号	计量单位	数　量	单　价	金　额	税　率	税　额	
合计								
价税合计（大写）						（小写）¥		
销售方	名称				备注			
	纳税人识别号							
	地址、电话							
	开户行及账号							

收款人：　　复核：　　开票人：　　销货单位（章）：

第一联 记账联 销货方记账凭证

【业务 39.2】

产成品出库单

购货单位：　　　　　　　　　　　年　月　日　　　单位：元　　　第 1005 号

产品名称	规格型号	计量单位	出库数量	单位成本	金额	备注

第二联 财务记账

销售部负责人：　　　　　　仓库经办人：　　　　　　制单：

（40）16 日，向合肥华普有限公司销售接收机 200 台，不含税价格 1 600 元/台，收到转账支票一张，存入中国光大银行。

要求：① 填制增值税专用发票。

② 填制产成品出库单。

③ 填制银行进账单。

【业务 40.1】

中国银行 转账支票（皖）　　$\frac{D0}{02}$03617121

出票日期（大写）贰零壹玖年 壹拾贰 月 壹拾陆 日　　付款行名称：中行高新区支行

收款人：安徽惠源电子有限公司　　出票人账号：03051187

本支票付款期限十天

人民币（大写）	叁拾陆万壹仟陆佰元整	亿	千	百	十	万	千	百	十	元	角	分
				¥	3	6	1	6	0	0	0	0

用途 货款　　　　科目（借）……………

上列款项请从　　对方科目（贷）……………

我账户内支付　　转账日期 2019年 12 月 16 日

出票人签章　　复核　　记账

（正面）

【业务 40.1】

<table>
<tr><td>被背书人</td><td>被背书人</td><td>被背书人</td></tr>
<tr><td>

背书人签章
年　月　日</td><td>

背书人签章
年　月　日</td><td>

背书人签章
年　月　日</td></tr>
</table>

（背面）

【业务 40.2】

安徽增值税专用发票

3401180026　　此联不作报销、扣税凭证使用　　No. 12345689

开票日期：20　年　月　日

购买方	名称 纳税人识别号 地址、电话 开户行及账号				密码区	0365－1<9－7－615962848<032/52> 204/8527461259/29533－4974 1626<8－3024>82906－2/85274 －47－6<7>2*－/>*>6/85274	
货物或应税劳务、服务名称	规格型号	计量单位	数　量	单　价	金　额	税　率	税　额
合计							
价税合计（大写）						（小写）¥	
销售方	名称 纳税人识别号 地址、电话 开户行及账号				备注		

收款人：　　复核：　　开票人：　　销货方（章）：

第一联 记账联 销货方记账凭证

【业务 40.3】

产成品出库单

购货单位：　　年　月　日　　单位：元　　第 1006 号

产品名称	规格型号	计量单位	出库数量	单位成本	金额	备注

销售部负责人：　　仓库经办人：　　制单：

第二联 财务记账

【业务 40.4】

光大银行进账单（收账通知）　1

年　月　日

付款人	全称		收款人	全称											
	账号			账号											
	开户银行			开户银行											
人民币（大写）					千	百	十	万	千	百	十	元	角	分
票据种类		票据张数												
票据号码														
单位主管　复核　记账				收款人开户银行盖章										

光大银行蜀山支行 2019.12.16 转讫

此联是收款人开户银行交给收款人的收账通知

（41）16 日，按与南京嘉乐公司签订的销售混合器合同如期发货，对方未履行验货付款义务，将货物退回。根据合同规定，预收南京嘉乐公司的定金不再返还。

【业务 41】

关于没收南京嘉乐公司定金的通知

南京嘉乐公司

根据我公司与贵公司 2019 年 10 月 16 日签订的购销合同第五条第三款之规定，你方未履行验货付款义务，将我方发去的混合器退回，根据合同规定，你方预付的定金人民币壹万元整（¥10 000.00）不再返还。

送：南京嘉乐公司

抄：财务部

安徽惠源电子有限公司（章）

2019 年 12 月 16 日

（42）16 日，通过中国建设银行转账支付公交旅游公司班车租赁费 5 450 元。
（提示：公交旅游公司提供司机，按里程结算。）
要求：填制银行进账单。

【业务 42.1】

付 款 通 知 书

部门	生产技术部		经办人	赵怀怀
款项用途	车辆租赁费		付款日期	2019-12-16
付款金额	小写	¥5 450	大写	人民币伍仟肆佰伍拾元整
收款人名称	合肥公交旅游公司 转讫			
开户行	工行瑶海分理处		账号	3401040023
财务负责人	唐志诚		公司负责人	景方园

【业务 42.2】

3401184336　　**安徽增值税专用发票**　　No. 63001228

开票日期：2019 年 12 月 16 日

购买方	名称	安徽惠源电子有限公司				密码区	1257－1<9－7－6162848<032/52>	
	纳税人识别号	91340104000012345N					906－2848<039/29533－4974	
	地址、电话	合肥市泰和路 158 号 0551-55000001					1626<8－3024>82906－2	
	开户行及账号	光大银行蜀山支行 23010001					848<03－47－6<7>3*－/>*>	
货物或应税劳务、服务名称	规格型号	单 位	数 量	单 价	金 额	税 率	税 额	
客运服务			1	5 000	5 000.00	9%	450.00	
合计					5 000.00		450.00	
价税合计（大写）	人民币伍仟肆佰伍拾元整					（小写）¥5 450.00		
销售方	名称	合肥公交旅游公司		备注				
	纳税人识别号	91340101000003A57X						
	地址、电话	合肥市淮河路 11 号 0551-23456666						
	开户行及账号	徽商银行包河支行 31002233						

收款人：汪强　　复核：　　开票人：刘富　　销货方（章）：

第三联 发票联 购货方记账凭证

（合肥公交旅游公司 91340101000003A57X 发票专用章）

【业务 42.3】

建设银行转账支票存根

支票号码 VI II 02568829

科　　目

对方科目

出票日期 2019 年 12 月 16 日

收款人：合肥公交旅游公司

金　额：¥5 450.00

用　途：客运服务费

备　注：

单位主管 景方圆　会计 杨瑶霞

复　　核　　　　记账

【业务 42.4】

建设银行进账单（回单）　1

年　　月　　日

<table>
<tr><td rowspan="3">付款人</td><td>全称</td><td colspan="2"></td><td rowspan="3">收款人</td><td>全称</td><td colspan="10"></td><td rowspan="9">此联是开户银行交给持票人的回单</td></tr>
<tr><td>账号</td><td colspan="2"></td><td>账号</td><td colspan="10"></td></tr>
<tr><td>开户银行</td><td colspan="2"></td><td>开户银行</td><td colspan="10"></td></tr>
<tr><td colspan="6" rowspan="2">人民币（大写）</td><td>千</td><td>百</td><td>十</td><td>万</td><td>千</td><td>百</td><td>十</td><td>元</td><td>角</td><td>分</td></tr>
<tr><td></td><td></td><td></td><td></td><td></td><td></td><td></td><td></td><td></td><td></td></tr>
<tr><td>票据种类</td><td></td><td>票据张数</td><td></td><td colspan="12" rowspan="4">建设银行安徽分行营业部
2019.12.09
转讫
出票人开户银行盖章</td></tr>
<tr><td>票据号码</td><td colspan="3"></td></tr>
<tr><td colspan="4">单位主管　　复核　　记账</td></tr>
</table>

（43）17 日，向南京合力有限责任公司采购电感 800 件，电阻 500 件；另支付对方代垫的运输费 2 640 元，全部款项已通过中国建设银行办理电汇手续，电感、电阻已运抵仓库，办理验收入库手续。

要求：① 填制银行电汇凭证。

② 填制原材料入库单。

【业务 43.1】

付　款　通　知　书

部门	采购部		经办人	陈新
款项用途	购买电感、电阻		付款日期	2019. 12. 17
付款金额	小写	¥93 016.00	大写	人民币玖万叁仟零壹拾陆元整
收款人名称	南京合力有限责任公司			
开户行	工行玄武支行		账号	32010400222 转讫
财务负责人	唐志诚		公司负责人	景方园

【业务 43.2】

江苏省增值税专用发票

发票联

3401180018　　　　　　　　　　　　　　　　No. 58305670

开票日期：2019 年 12 月 16 日

购买方	名称	安徽惠源电子有限公司	密码区	6162848<032/52>9/29533－4974
	纳税人识别号	91340104000012345N		1626<8－3024>82906－2
	地址、电话	合肥市泰和路 158 号 0551-55000001		－47－6<7>3*－/>*>－47
	开户行及账号	光大银行蜀山支行 23010001		－6<71626<8－3024>29233－2

货物或应税劳务、服务名称	规格型号	单 位	数 量	单 价	金 额	税 率	税 额
电感	A1	件	800	65	52 000.00	13%	6 760.00
电阻	D6	件	500	56	28 000.00	13%	3 640.00
合计					80 000.00		10 400.00
价税合计（大写）	人民币玖万零肆佰元整				（小写）¥90 400.00		

销售方	名称	南京合力有限责任公司	备注	
	纳税人识别号	3301040000553451AX		
	地址、电话	南京市玄武路 1225 号 025-23456777		
	开户行及账号	工行玄武支行 32010400222		

收款人：方文宾　　复核：　　开票人：李思年　　销货方（章）

第三联 发票联 购货方记账凭证

【业务 43.3】

安徽增值税专用发票

安徽 发票联

3401184336　　　　　　　　　　　　　　　　No. 63001228

开票日期：2019 年 12 月 16 日

购买方	名称	安徽惠源电子有限公司	密码区	1257－1<9－7－6162848<032/52>/
	纳税人识别号	91340104000012345N		29533－49749/29533－4974
	地址、电话	合肥市泰和路 158 号 0551-55000001		1626<1118－3024>82906－2098
	开户行及账号	光大银行蜀山支行 23010001		3112－4887－653<7>3*－/>*>

货物或应税劳务、服务名称	规格型号	单 位	数 量	单 价	金 额	税率	税 额
运输服务费					2 400.00	9%	216.00
合计					2 400.00		216.00
价税合计（大写）	人民币贰仟陆佰壹拾陆元整				（小写）¥2 616.00		

销售方	名称	合肥兄弟运输有限公司	备注	起运地：南京
	纳税人识别号	913301010003575X11		到达地：合肥
	地址、电话	合肥市中山路 1125 号 0551-53456711		
	开户行及账号	徽商银行包河支行 31002211		货物名称：电感、电阻，50 箱

收款人：汪强　　复核：　　开票人：刘富　　销货方（章）：

第三联 发票联 购货方记账凭证

【业务 43.4】

中国建设银行电汇凭证（回　单）

委托日期　20　年　月　日　　　　　　第　　号

<table>
<tr><td rowspan="3">付款人</td><td>全称</td><td colspan="3"></td><td rowspan="3">收款人</td><td>全称</td><td colspan="3"></td></tr>
<tr><td>账号或住址</td><td colspan="3"></td><td>账号或住址</td><td colspan="3"></td></tr>
<tr><td>汇出地点</td><td>省　市（县）</td><td>汇出行名称</td><td></td><td>汇入地点</td><td>省　市（县）</td><td>汇入行名称</td><td></td></tr>
<tr><td>金额</td><td colspan="6">人民币（大写）</td><td colspan="3">¥</td></tr>
</table>

汇款用途：

汇出行盖章

建设银行安徽分行营业部 2019.12.16 业务章

20　年　月　日

单位主管　会计　复核　记账

此联汇出行给汇款人的回单

【业务 43.5】

入库单

入库日期：20　年　月　日

供货单位：　　发票号码：　　单位：元　　No：002003

类别	材料名称	入库数量	计量单位	单价	金额	备注
合计						

负责人：　　财务：　　保管员：

第二联：记账联

（44）18 日，通过中国建设银行向上海宝申有限责任公司电汇货款 100 978 元购入 3#芯片、4#芯片、5#芯片、6#芯片；上述芯片已运抵仓库并办理验收入库手续。

要求：① 填制原材料入库单。

② 填制银行电汇凭证。

【业务 44.1】

付 款 通 知 书

部门	采购部		经办人	陈新
款项用途	购买芯片		付款日期	2019.12.18
付款金额	小写	¥98 366.50	大写	人民币玖万捌仟叁佰陆拾陆元伍角整
收款人名称	上海宝申有限责任公司			
开户行	工行浦东支行		账号	2051400222 转讫
财务负责人	唐志诚		公司负责人	景方园

【业务 44.2】

上海市增值税专用发票

3401180218　　　　安徽　发票联　　　　No. 84345679

开票日期：2019 年 12 月 18 日

购买方	名称	安徽惠源电子有限公司	密码区	1<9−7−613215548<032/52>/29533−4974−56−8<5>2*−/>*>6/1626<8−3024>82906−2−47−6<7>3*−/>*>−47−6<71626
	纳税人识别号	91340104000012345N		
	地址、电话	合肥市泰和路 158 号 0551-55000001		
	开户行及账号	光大银行蜀山支行 23010001		

货物或应税劳务、服务名称	规格型号	单位	数量	单价	金额	税率	税额
芯片	3#	百片	100	300	30 000.00	13%	3 900.00
芯片	4#	百片	100	205	20 500.00	13%	2 665.00
芯片	5#	百片	90	195	17 550.00	13%	2 281.00
芯片	6#	百片	100	190	19 000.00	13%	2 470.00
合计	合计				87 050.00		11 316.50
价税合计（大写）	人民币玖万捌仟叁佰陆拾陆元伍角整				（小写）¥98 336.50		

销售方	名称	上海宝申有限责任公司	备注	上海宝申有限责任公司 912050400 0005533D2 发票专用章
	纳税人识别号	9120504000005533D2		
	地址、电话	浦东新区滨江路 1225 号 021-53456997		
	开户行及账号	工行浦东支行 02051400222		

收款人：李思思　　复核：　　开票人：武天源　　销货方（章）：

【业务 44.3】

中国建设银行电汇凭证（回　单）

委托日期 20　年　月　日　　　　第　　号

付款人	全称				收款人	全称			
	账号或住址					账号或住址			
	汇出地点	省　市（县）	汇出行名称			汇出地点	省　市（县）	汇出行名称	
金额	人民币（大写）					¥			

汇款用途：　　　　汇出行盖章

建设银行安徽分行营业部 2019.12.16 业务章

20　年　月　日

单位主管　　会计　　复核　　记账

此联汇出行给汇款人的回单

【业务 44.4】

入库单

入库日期：20　年　月　日

供货单位：　　　发票号码：　　　单位：元　　　No：002004

类别	材料名称	入库数量	计量单位	单价	金额	备注
合计						

第二联：记账联

负责人：　　　财务：　　　保管员：

（45）18 日，经董事会研究决定，拟辞退职工 10 人，对自愿接受裁减建议的职工，补偿金额共计 100 000 元。

【业务 45】

职工辞退补偿金额表

职位	拟辞退人数/人	工龄/年	补偿标准/元	补偿金额/元
中级技工	4	5	16 000.00	64 000.00
一般技工	4	2	6 000.00	24 000.00
行政后勤人员	2	2	6 000.00	12 000.00
合计	10			100 000.00

人力资源部（盖章）

（46）18 日，接到银行的付款通知，向合肥电力公司支付生产经营电费 34 061.7 元，相关单证如下。

【业务 46.1】

委邮　　委　托　收　款　凭证　（付款通知）

委托日期 2019 年 12 月 16 日

付款人	全称	安徽惠源电子有限公司	收款人	全称	合肥市电力公司
	账号或地址	23010001		账号或地址	340102000066533
	开户银行	光大银行蜀山支行		开户银行	工行三孝口支行

委收金额	人民币（大写）叁万肆仟零陆拾壹元柒角整	千	百	十	万	千	百	十	元	角	分
				¥	3	4	0	6	1	7	0

款项内容	电费	委托收款凭证名称		附寄单证张数	3

备注：取消付款期，见单付款

（印章：光大银行蜀山支行 2019.12.18 业务章）

付款人注意：
1. 根据结算办法，上列委托收款，如在付款期限内未拒付时，即视同全部同意付款，以此联代付款通知。
2. 如需提前付款或多付款，应另写书面通知送银行办理。

此联付款人开户银行给付款人按期付款的通知

单位主管　　会计　　复核　　记账　　开户银行盖章

【业务 46.2】

电费分配表

2019 年 12 月 18 日

项目		金额（元）	借记账户	贷记账户
本月电费		30 143.10		
其中：	一车间	6 996.14	制造费用	银行存款
	二车间	8 172.38	制造费用	银行存款
	装配车间	5 384.61	制造费用	银行存款
	机修车间	7 263.49	生产成本	银行存款
	管理部门	1 585.46	管理费用	银行存款
	销售部	741.02	销售费用	银行存款

制表人：柏茹

【业务 46.3】

3401180035　　**安徽增值税专用发票**　　No. 20005678

（全国统一发票监制章 安徽 国家税务总局监制）

开票日期：2019 年 12 月 18 日

<table>
<tr><td rowspan="4">购买方</td><td>名称</td><td colspan="4">安徽惠源电子有限公司</td><td rowspan="4">密码区</td><td colspan="3" rowspan="4">1<9−7−613215548<032/52>/
29533−4974−56−8<5>2*−/>*>
6/1626<8−3024>82906−2−47−6
<7>3*−/>*>−47−6<71626</td></tr>
<tr><td>纳税人识别号</td><td colspan="4">91340104000012345N</td></tr>
<tr><td>地址、电话</td><td colspan="4">合肥市泰和路 158 号 0551-55000001</td></tr>
<tr><td>开户行及账号</td><td colspan="4">光大银行蜀山支行 23010001</td></tr>
<tr><td colspan="2">货物或应税劳务、服务名称</td><td>规格型号</td><td>单位</td><td>数量</td><td>单价</td><td>金额</td><td>税率</td><td>税额</td><td></td></tr>
<tr><td colspan="2">生产用电</td><td></td><td>千瓦时</td><td>54 263</td><td>0.555 5</td><td>30 143.10</td><td>13%</td><td>3 918.60</td><td></td></tr>
<tr><td colspan="2">合计</td><td></td><td></td><td></td><td></td><td>30 143.10</td><td></td><td>3 918.60</td><td></td></tr>
<tr><td colspan="2">价税合计（大写）</td><td colspan="5">人民币叁万肆仟零陆拾壹元柒角整</td><td colspan="3">（小写）¥34 061.70</td></tr>
<tr><td rowspan="4">销售方</td><td>名称</td><td colspan="3">合肥电力公司</td><td rowspan="4">备注</td><td colspan="4" rowspan="4">（合肥电力公司 91340801200024680A 发票专用章）</td></tr>
<tr><td>纳税人识别号</td><td colspan="3">91340801200024680A</td></tr>
<tr><td>地址、电话</td><td colspan="3">合肥市黄山路 125 号 0551-43456700</td></tr>
<tr><td>开户行及账号</td><td colspan="3">工行三孝口支行 340801000111</td></tr>
</table>

第三联 发票联 购货方记账凭证

收款人：方文宾　　复核：　　开票人：李思年　　销货方（章）：

（47）19 日，销售部报销下列费用：11 月份业务费 1 936 元，办公用品费 600 元，出纳以现金付讫；合肥会展中心展销费 15 900 元，通过中国光大银行转账支付，相关单证如下。

要求：填制银行进账单。

【业务 47.1】

单 据 报 销 封 面

编号：

开支项目 业务费、办公费 附单据张数 2 附件张数

共报销人民币（大写）贰仟伍佰叁拾陆元整 ¥2 536.00

现金付讫

报销人部门：销售部		签名：王静	日期：2019 年 12 月 19 日
负责人审批意见： 同意报销。 景方园 2019 年 12 月 19 日	财务审核意见： 同意报销。 唐至诚 2019 年 12 月 19 日	部门意见： 属实。 刘方 2019 年 12 月 19 日	说明： 1. 销售部 11 月业务费 1 936 元； 2. 办公用品 600 元。 王静 2019 年 12 月 19 日

【业务 47.2】

付 款 通 知 书

部门	销售部		经办人	王静
款项用途	支付展销费		付款日期	2019 年 12 月 19 日
付款金额	小写	¥15 900.00	大写	壹万伍仟玖佰元整
收款人名称	合肥会展中心			
开户行	工行经济开发区支行		账号	34010500001122
财务负责人	唐志诚		公司负责人	景方园

转 讫

【业务 47.3】

3401181632 安徽增值税专用发票 No. 56705118

发票联

开票日期：2019 年 12 月 19 日

购买方	名称	安徽惠源电子有限公司	密码区	1<9−7−613215548<032/52>/ 29533−4974−56−8<5>2*−/>*>6/ 1626<8−3024>82906−2−47−6<7> 3*−/>*>−47−6<71626
	纳税人识别号	91340104000012345N		
	地址、电话	合肥市泰和路 158 号 0551-55000001		
	开户行及账号	光大银行蜀山支行 23010001		

货物或应税劳务、服务名称	规格型号	单 位	数 量	单 价	金 额	税 率	税 额
会展服务费			1	15 000	15 000.00	6%	900.00
合计					15 000.00		900.0
价税合计（大写）	人民币壹万伍仟玖佰元整				（小写）¥15 900.00		

销售方	名称	合肥会展中心有限公司	备注	
	纳税人识别号	91340801000024321D		
	地址、电话	合肥市紫云路 125 号 0551-43456700		
	开户行及账号	工行经济开发区支行 34010500001122		

收款人：方文宾 复核： 开票人：李思年 销货方（章）：

合肥会展中心有限公司 91340801000024321D 发票专用章

第三联 发票联 购货方记账凭证

【业务 47.4】

安徽省国家税务局通用机打发票

安徽乐城超市有限公司合肥销售分公司

合国税（2019）印字第 16 号

发票代码：134011521321

发票号码：94325765

客户名称：安徽惠源电子有限公司

机打票号：94422336

机器编号：000053 1010392602

开票日期：2019 年 12 月 19 日

项目	数量	单价	金额
笔记本	50	10.00	500.00
签字笔	10	10.00	100.00

合计（小写）¥600.00

合计（大写）人民币陆佰元整

收款方名称：安徽乐城超市有限公司潜山路店

收款方识别号：91340103123452345A

【业务 47.5】

安徽省国家税务局通用机打发票

安徽乐城超市有限公司合肥销售分公司

合国税（2019）印字第 16 号

除客户名称外手写无效

发票代码：134011521321

发票号码：94325832

客户名称：安徽惠源电子有限公司

机打票号：94422336

机器编号：000053 1010392602

开票日期：2019 年 12 月 19 日

项目	数量	单价	金额
礼盒	20	80.00	1 600.00
工艺品	2	168.00	336.00

合计（小写）¥1 936.00

合计（大写）人民币壹仟玖佰叁拾陆元整

收款方名称：安徽乐城超市有限公司潜山路店

收款方识别号：91340103123452345A

【业务 47.6】

光大银行转账支票存根

支票号码 VIⅡ06951717
科　　目
对方科目
出票日期 2019年12月19日
收款人：合肥会展中心有限公司

金　额：¥15 900.00
用　途：展销费
备　注：
单位主管 景方圆　　　会计 杨瑶霞

【业务 47.7】

光大银行进账单（回单）　1

年　　月　　日

付款人	全称		收款人	全称										
	账号			账号										
	开户银行			开户银行										
人民币（大写）					千	百	十	万	千	百	十	元	角	分
票据种类			光大银行蜀山支行 2019.12.19 转讫 出票人开户银行盖章											
票据张数														
单位主管　会计　复核　记账														

此联是出票人开户银行给出票人的回单

（48）19日，自中国光大银行提取现金5 000元备用。

要求：签发现金支票。

【业务 48】

光大银行现金支票存根

支票号码 VIⅡ44855297
科　　目
对方科目
出票日期 2019年12月19日
收款人：安徽惠源电子有限公司

金　额：¥5 000.00
用　途：备用金
备　注：
单位主管 景方圆 会计 杨瑶霞

（49）上月采购的高频器 400 件已运抵仓库，办理验收入库手续。

要求：填制原材料入库单。

【业务 49】

入库单

入库日期：20　年　月　日

供货单位：　　　　发票号码：　　　　单位：元　　　　No：002004

类别	材料名称	入库数量	计量单位	单价	金额	备注
合计						

负责人：　　　　财务：　　　　保管员：

第二联：记账联

（50）19 日，办公室王芳借支差旅费 2 000 元，出纳以现金付讫，相关单证如下图所示。

【业务 50】

借　款　单

No. 005481

2019 年 12 月 19 日

<table>
<tr><td>借款部门：</td><td>办公室</td><td colspan="2">借款人：</td><td>王芳</td><td colspan="4">借款方式：</td><td colspan="7">现金</td></tr>
<tr><td rowspan="3">借款用途</td><td>差旅费</td><td rowspan="3">收款单位</td><td>名　称</td><td colspan="12"></td></tr>
<tr><td></td><td>账　号</td><td colspan="12"></td></tr>
<tr><td></td><td>开户行</td><td colspan="12"></td></tr>
<tr><td colspan="5" rowspan="2">借款金额（大写）人民币贰仟元整</td><td>千</td><td>百</td><td>十</td><td>万</td><td>千</td><td>百</td><td>十</td><td>元</td><td>角</td><td>分</td></tr>
<tr><td></td><td></td><td></td><td>¥</td><td>2</td><td>0</td><td>0</td><td>0</td><td>0</td><td>0</td></tr>
<tr><td>分管领导：
景方园</td><td>主管部门：
黄奇</td><td colspan="3">财务审核：</td><td colspan="10">财务负责人：
唐至诚</td></tr>
<tr><td>备注</td><td colspan="14">现金付讫</td></tr>
</table>

出纳签章杨瑶霞

第一联　财务付款凭证

（51）20 日，办公室自合肥家具公司购买办公桌椅 5 套（低值易耗品），货款 4 000 元，通过中国光大银行转账支付，相关单证如下图所示。

要求：填制银行进账单。

【业务 51.1】

付　款　通　知　书

<table>
<tr><td>部门</td><td colspan="2">办公室</td><td>经办人</td><td>王芳</td></tr>
<tr><td>款项用途</td><td colspan="2">购买办公家具</td><td>付款日期</td><td>2019. 12. 20</td></tr>
<tr><td>付款金额</td><td>小写</td><td>¥3 896. 58</td><td>大写</td><td>人民币叁仟捌佰玖拾陆元伍角捌分</td></tr>
<tr><td>收款人名称</td><td colspan="4">合肥家具公司　转讫</td></tr>
<tr><td>开户行</td><td colspan="2">工行庐阳支行</td><td>账号</td><td>工行庐阳支行 002701</td></tr>
<tr><td>财务负责人</td><td colspan="2">唐志诚</td><td>公司负责人</td><td>景方园</td></tr>
</table>

【业务 51.2】

光大银行转账支票存根

支票号码 VIⅡ06951717
科　　目
对方科目
出票日期 2019 年 12 月 20 日
收款人：合肥家具公司

金　额：¥3 896.58
用　途：货款
备　注：
单位主管 景方圆　　会计 杨瑶霞

【业务 51.3】

安徽增值税专用发票

安徽
发票联

3401180019　　　　No. 20567800
开票日期：2019 年 12 月 20 日

购买方	名称	安徽惠源电子有限公司	密码区	1251＜9007−613215548＜032/52＞
	纳税人识别号	91340104000012345N		/29533−4974−56−8＜5＞2∗−/＞∗
	地址、电话	合肥市泰和路 158 号 0551-55000001		1626＜8−3024＞82906−2−47−6＜7＞
	开户行及账号	光大银行蜀山支行 23010001		3∗−/＞∗＞−47−6＜71626

货物或应税劳务、服务名称	规格型号	单　位	数　量	单　价	金　额	税　率	税　额
办公桌椅		套	5	689.66	3 448.30	13%	448.28
合计					3 448.30		448.28
价税合计（大写）	人民币叁仟捌佰玖拾陆元伍角捌分					（小写）¥3 896.58	

销售方	名称	合肥家具有限公司	备注	合肥家具有限公司 91340101 0000357506 发票专用章
	纳税人识别号	91340101000035750G		
	地址、电话	庐阳区淮河路 125 号 0551-43456700		
	开户行及账号	工行庐阳支行 002701		

收款人：戴马生　　复核：　　开票人：段苹　　销货方（章）：

第三联 发票联 购货方记账凭证

【业务 51.4】

光大银行进账单（回单）　1

年　　月　　日

付款人	全称		收款人	全称	
	账号			账号	
	开户银行			开户银行	

人民币（大写）	千	百	十	万	千	百	十	元	角	分

票据种类		光大银行蜀山支行 2019.12.20 转讫
票据张数		
单位主管　会计　复核　记账		出票人开户银行盖章

此联是出票人开户银行给出票人的回单

（52）20日，向上海家华公司销售混合器200台，不含税价格1 000元/台，货款和增值税合计226 000.00元，采用托收承付方式收款，已办理托收手续。（上海家华公司营业地址：上海虹口区宝山路108号，电话021-34222222；税务登记号：20300000125677770G；开户银行：中国工商银行淮海支行；银行账号：02031100216；购销合同号码S08-1201256。）

要求：① 填制增值税专用发票。

② 填制产成品出库单。

③ 填制银行托收承付凭证。

【业务52.1】

安徽增值税专用发票

3401180086　　　　No. 12345690

此联不作报销、扣税凭证使用　　　　开票日期：20　年　月　日

购买方	名称 纳税人识别号 地址、电话 开户行及账号				0365－1<9－7－615962848<032/52> 204/8527461259/29533－4974 1626<8－3024>82906－2/85274 －47－6<7>2*－/>*>6/85274		
货物或应税劳务、服务名称	规格型号	计量单位	数　量	单　价	金　额	税　率	税　额
合计							
价税合计（大写）						（小写）	
销售方	名称 纳税人识别号 地址、电话 开户行及账号			备注			

收款人：　　　复核：　　　开票人：　　　销货方（章）：

第一联 记账联 销货方记账凭证

【业务52.2】

产成品出库单

购货单位：　　　　年　月　日　　　单位：元　　　第1007号

产品名称	规格型号	计量单位	出库数量	单位成本	金额	备注

销售部负责人：　　　仓库经办人：　　　制单：

第二联 财务记账

【业务 52.3】

光大银行托收承付凭证（回单） 1

委托日期 年 月 日

<table>
<tr><td rowspan="3">付款人</td><td>全称</td><td colspan="2"></td><td rowspan="3">收款人</td><td>全称</td><td colspan="3"></td></tr>
<tr><td>账号</td><td colspan="2"></td><td>账号</td><td colspan="3"></td></tr>
<tr><td>开户银行</td><td colspan="2"></td><td>开户银行</td><td></td><td>行号</td><td></td></tr>
<tr><td colspan="2">托收金额</td><td colspan="4"></td><td colspan="3">千 百 十 万 千 百 十 元 角 分</td></tr>
<tr><td colspan="2">附件</td><td colspan="4">商品发运情况</td><td colspan="3">合同名称号码</td></tr>
<tr><td colspan="2"></td><td colspan="4"></td><td colspan="3"></td></tr>
<tr><td colspan="2">备注：
电划</td><td colspan="2">款项收妥日期
年 月 日</td><td colspan="5">收款人开户银行盖章
月 日</td></tr>
</table>

单位主管 会计 复核 记账

此联是收款人开户银行给收款人的回单

光大银行蜀山支行 2019.12.20 业务章

（53）20 日，二车间一台机器因生产技术落后需要淘汰，经批准报废。该设备已使用 10 年，账面原值 240 000 元，已提折旧 209 520 元；清理过程中支付拆卸费、搬运费等 2 180 元，销售给物资回收公司收入 10 000 元。

【业务 53.1】

固定资产处置申请单

固定资产编号：116 2019 年 12 月 20 日 固定资产卡片编号：95

<table>
<tr><td>设备名称</td><td>车床</td><td>预计使用年限</td><td>10 年</td><td>已使用年限</td><td>9 年</td></tr>
<tr><td>规格型号</td><td>F110</td><td>设备原值（元）</td><td>240 000.00</td><td>已提折旧（元）</td><td>209 520.00</td></tr>
<tr><td>使用部门</td><td>二车间</td><td>折余价值（元）</td><td>30 480.00</td><td>预计净残值（元）</td><td>7 200.00</td></tr>
<tr><td>报废原因</td><td colspan="5">设备陈旧，技术落后，加工的产品质量受影响</td></tr>
<tr><td rowspan="2">处理意见</td><td>使用部门</td><td>技术鉴定小组</td><td>固定资产管理部门</td><td colspan="2">单位领导</td></tr>
<tr><td>建议报废</td><td>同意报废</td><td>送废品公司回收</td><td colspan="2">同意。
景方园</td></tr>
</table>

【业务 53.2】

委邮 委 托 收 款 凭证 （付款通知）

委托日期 2019 年 12 月 20 日

<table>
<tr><td rowspan="3">付款人</td><td>全称</td><td colspan="2">安徽惠源电子有限公司</td><td rowspan="3">收款人</td><td>全称</td><td colspan="2">合肥市瑶海建筑安装公司</td></tr>
<tr><td>账号或地址</td><td colspan="2">23010001</td><td>账号或地址</td><td colspan="2">340104000055555</td></tr>
<tr><td>开户银行</td><td colspan="2">光大银行蜀山支行</td><td>开户银行</td><td colspan="2">工行瑶海分理处</td></tr>
<tr><td colspan="2">委收金额</td><td colspan="4">人民币（大写）贰仟壹佰捌拾元整</td><td colspan="2">千 百 十 万 千 百 十 元 角 分
¥ 2 1 8 0 0 0</td></tr>
<tr><td>款项内容</td><td>拆卸、搬运费</td><td colspan="2">委托收款凭证名称</td><td colspan="2"></td><td>附寄单证张数</td><td>3</td></tr>
<tr><td colspan="4">备注：</td><td colspan="4">付款人注意：
1. 根据结算办法，上列委托收款，如在付款期限内未拒付时，即视同全部同意付款，以此联代付款通知。
2. 如需提前付款或多付款，应另写书面通知送银行办理。</td></tr>
</table>

单位主管 会计 复核 记账 开户银行盖章

此联付款人开户银行给付款人按期付款的通知

光大银行蜀山支行 2019.12.20 业务章

【业务53.3】

委邮

委 托 收 款 凭证（收账通知）

委托日期2019年12月20日

<table>
<tr><td rowspan="3">付款人</td><td>全称</td><td>合肥物资回收公司</td><td rowspan="3">收款人</td><td>全称</td><td colspan="10">安徽惠源电子有限公司</td></tr>
<tr><td>账号或地址</td><td>34010056</td><td>账号或地址</td><td colspan="10">23010001</td></tr>
<tr><td>开户银行</td><td>建行迴龙桥支行</td><td>开户银行</td><td colspan="10">光大银行蜀山支行</td></tr>
<tr><td colspan="2" rowspan="2">委收金额</td><td colspan="3" rowspan="2">人民币（大写）壹万元整</td><td>千</td><td>百</td><td>十</td><td>万</td><td>千</td><td>百</td><td>十</td><td>元</td><td>角</td><td>分</td></tr>
<tr><td></td><td></td><td>¥</td><td>1</td><td>0</td><td>0</td><td>0</td><td>0</td><td>0</td><td>0</td></tr>
<tr><td>款项内容</td><td>销售废品收入</td><td>委托收款凭证名称</td><td colspan="2"></td><td colspan="4">附寄单证张数</td><td colspan="6">3</td></tr>
<tr><td colspan="4">备注：
光大银行蜀山支行 2019.12.20 业务章</td><td colspan="11">付款人注意：
1. 根据结算办法，上列委托收款，如在付款期限内未拒付时，即视同全部同意付款，以此联代付款通知。
2. 如需提前付款或多付款，应另写书面通知送银行办理。</td></tr>
</table>

单位主管 会计 复核 记账 开户银行盖章

此联收款人开户银行在款项收妥后给收款人收账通知

【业务53.4】

3401185731

安徽增值税专用发票

全国统一发票监制章 安徽 国家税务总局监制

No. 30011158

开票日期：2019年12月20日

<table>
<tr><td rowspan="4">购买方</td><td>名称</td><td colspan="4">安徽惠源电子有限公司</td><td rowspan="4">密码区</td><td colspan="3">77910i<9－7－6162848<032/52></td></tr>
<tr><td>纳税人识别号</td><td colspan="4">91340104000012345N</td><td colspan="3">22-9/29533－1257－14974</td></tr>
<tr><td>地址、电话</td><td colspan="4">合肥市泰和路158号 0551-55000001</td><td colspan="3">1626<8－3024>82906－2134</td></tr>
<tr><td>开户行及账号</td><td colspan="4">光大银行蜀山支行 23010001</td><td colspan="3">5790－47－6<7>3*－/>*></td></tr>
<tr><td colspan="2">货物或应税劳务、服务名称</td><td>规格型号</td><td>单 位</td><td>数 量</td><td>单价</td><td>金 额</td><td>税率</td><td>税 额</td></tr>
<tr><td colspan="2">清理费</td><td></td><td></td><td>1</td><td>2 000</td><td>2 000.00</td><td>9%</td><td>180.00</td></tr>
<tr><td colspan="2">合计</td><td></td><td></td><td></td><td></td><td>2 000.00</td><td></td><td>180.00</td></tr>
<tr><td colspan="2">价税合计（大写）</td><td colspan="5">人民币贰仟壹佰捌拾元整</td><td colspan="2">（小写）¥2 180.00</td></tr>
<tr><td rowspan="4">销售方</td><td>名称</td><td colspan="3">合肥市瑶海建筑安装公司</td><td rowspan="4">备注</td><td colspan="3" rowspan="4">合肥市瑶海建筑安装公司 913401010021357010 发票专用章</td></tr>
<tr><td>纳税人识别号</td><td colspan="3">91340101002135701C</td></tr>
<tr><td>地址、电话</td><td colspan="3">合肥市铜陵路355号 0551-63411345</td></tr>
<tr><td>开户行及账号</td><td colspan="3">工行瑶海分理处 340104000055555</td></tr>
</table>

收款人：汪强 复核： 开票人：刘富 销货方（章）：

第三联 发票联 购货方记账凭证

【业务 53.5】

3401184333　　　　安徽增值税普通发票　　　　No. 63001228

（全国统一发票监制章 国家税务总局监制）

开票日期：2019 年 12 月 20 日

购买方	名称	合肥物资回收公司	密码区	1257－1<9－7－6162848<032/52>
	纳税人识别号	91340101000003575X		9/29533－4974
	地址、电话	合肥市长江路 1125 号 0551-23456777		1626<8－3024>82906－2
	开户行及账号	建行迴龙桥支行 34010056		－47－6<7>3*－/>*>

货物或应税劳务、服务名称	规格型号	单位	数量	单价	金额	税率	税额
钢材		千克	5 000	1.769 9	8 849.55	13%	1 150.45
合计					8 849.55		1 150.45
价税合计（大写）	人民币壹万元整				（小写）¥10 000.00		

销售方	名称	安徽惠源电子有限公司	备注
	纳税人识别号	91340104000012345N	
	地址、电话	合肥市泰和路 158 号 0551-55000001	
	开户行及账号	光大银行蜀山支行 23010001	

收款人：汪强　　复核：　　开票人：刘富　　销货方（章）：

第一联 记账联 销售方记账凭证

（54）21 日，经批准结转上述固定资产清理净损益。

（55）21 日，接到银行的付款通知，向合肥自来水公司支付生产经营水费 23 205.15 元，相关单证如下。

【业务 55.1】

委邮　　　　委 托 收 款 凭证 （付款通知）

委托日期 2019 年 12 月 21 日

付款人	全称	安徽惠源有限责任公司	收款人	全称	合肥市自来水公司
	账号或地址	23010001		账号或地址	340103000066558

委收金额	人民币（大写）贰万叁仟捌佰陆拾壹元玖角整	千	百	十	万	千	百	十	元	角	分
				¥	2	3	8	6	1	9	0

款项内容	水费	委托收款凭证名称		附寄单证张数	3

（光大银行蜀山支行 2019.12.21 业务章）

单位主管　　会计　　复核　　记账　　开户银行盖章

此联付款人开户银行给付款人按期付款的通知

【业务 55.2】

水费分配表

2019 年 12 月 21 日

<table>
<tr><td colspan="2">项目</td><td>金额（元）</td><td>借记账户</td><td>贷记账户</td></tr>
<tr><td colspan="2">本月电费</td><td>21 891.65</td><td></td><td></td></tr>
<tr><td rowspan="6">其中：</td><td>一车间</td><td>4 611.06</td><td>制造费用</td><td>银行存款</td></tr>
<tr><td>二车间</td><td>4 866.11</td><td>制造费用</td><td>银行存款</td></tr>
<tr><td>装配车间</td><td>4 570.80</td><td>制造费用</td><td>银行存款</td></tr>
<tr><td>机修车间</td><td>4 125.12</td><td>生产成本</td><td>银行存款</td></tr>
<tr><td>管理部门</td><td>2 110.61</td><td>管理费用</td><td>银行存款</td></tr>
<tr><td>销售部</td><td>1 607.95</td><td>销售费用</td><td>银行存款</td></tr>
</table>

制表人：柏茹

【业务 55.3】

3401189637　　　　**安徽增值税专用发票**　　　　No. 20500369

发票联

开票日期：2019 年 12 月 21 日

<table>
<tr><td rowspan="4">购买方</td><td>名称</td><td colspan="4">安徽惠源电子有限公司</td><td rowspan="4">密码区</td><td colspan="3" rowspan="4">615962<009−613215548<032/52>
/29533−4974−56−8<5>2*−/>*
1626<8−3024>82906−2−47−6<7>
3*−/>*>−47−6<71626</td></tr>
<tr><td>纳税人识别号</td><td colspan="4">91340104000012345N</td></tr>
<tr><td>地址、电话</td><td colspan="4">合肥市泰和路 158 号 0551-55000001</td></tr>
<tr><td>开户行及账号</td><td colspan="4">光大银行蜀山支行 23010001</td></tr>
<tr><td colspan="2">货物或应税劳务、服务名称</td><td>规格型号</td><td>单 位</td><td>数 量</td><td>单 价</td><td>金 额</td><td>税率</td><td>税 额</td></tr>
<tr><td colspan="2">生产用水</td><td></td><td>立方米</td><td>8 261</td><td>2.65</td><td>21 891.65</td><td>6%</td><td>1313.50</td></tr>
<tr><td colspan="2">合计</td><td></td><td></td><td></td><td></td><td>21 891.65</td><td></td><td>1313.50</td></tr>
<tr><td colspan="2">价税合计（大写）</td><td colspan="5">人民币贰万叁仟贰佰零伍元壹角伍分</td><td colspan="2">（小写）¥23 205.15</td></tr>
<tr><td rowspan="4">销售方</td><td>名称</td><td colspan="4">合肥自来水公司</td><td rowspan="4">备注</td><td colspan="3" rowspan="4">合肥自来水公司
91340104000034522A
发票专用章</td></tr>
<tr><td>纳税人识别号</td><td colspan="4">91340104000034522A</td></tr>
<tr><td>地址、电话</td><td colspan="4">合肥市徽州路 125 号 0551-33456700</td></tr>
<tr><td>开户行及账号</td><td colspan="4">工行东城岗支行 0006658</td></tr>
</table>

收款人：李年来　　复核：　　开票人：黄雯松　　销货方（章）：

第三联 发票联 购货方记账凭证

（56）21 日，向南京三花公司销售混合器 130 台，不含税价格 1 000 元/台，货款和增值税合计 146 900 元，对方尚未支付货款。

要求：① 填制增值税专用发票（南京三花公司地址：南京市钟山路 7108 号，电话 025-34222222；税务登记号：20300000125676661A；开户银行：中国工商银行淮海支行；银行账号：02431100216）。

② 填制产成品出库单。

【业务 56.1】

安徽增值税专用发票

3401180097　　　　No. 12345691

此联不作报销、扣税凭证使用　　　　开票日期：20　年　月　日

购买方	名称 纳税人识别号 地址、电话 开户行及账号				0365－1＜9－7－615962848＜032/52＞ 204/8527461259/29533－4974 1626＜8－3024＞82906－2/85274 －47－6＜7＞2*－/＞*＞6/85274		
货物或应税劳务、服务名称	规格型号	计量单位	数量	单价	金额	税率	税额
合计							
价税合计（大写）					（小写）		
销售方	名称 纳税人识别号 地址、电话 开户行及账号			备注			

收款人：　　复核：　　开票人：　　销货方（章）：

第一联　记账联　销货方记账凭证

【业务 56.2】

产成品出库单

购货单位：　　　　年　月　日　　　　第 1008 号

产品名称	规格型号	计量单位	出库数量	单位成本	金额	备注

销售部负责人：　　仓库经办人：　　制单：

第二联　财务记账

（57）22 日，办公室王芳报销差旅费 2 365 元，出纳补付现金 365 元（交通费、住宿费发票等原始凭证略，住宿费未取得增值税专用发票）。

【业务 57】

差 旅 费 报 销 单

部门：　办公室　　　　2019 年 12 月 22 日

出差人		王芳、周强							出差事由	到上海参加会议			
出发				到达				交通工具	交通费	出差补贴		其他费用	
月	日	时	地点	月	日	时	地点			天数	金额	项目	金额
12	19		合肥	12	19		上海	火车	312	2	80	市内交通费	110
12	20		上海	12	20		合肥	火车	312			住宿费	600
									现金付讫			邮电费	
												办公用品费	561
												其他	390
合计									624		80		1 661
报销总额	人民币（大写）贰仟叁佰陆拾伍元整								预借旅费	¥2 000.00		补领金额	¥365.00
												退还金额	¥

领导签字：景方园　　财务审核：唐至诚　　出纳：杨瑶霞　　领款人：王芳

附件 12 张

（58）22 日，接中国光大银行付款通知，已从基本存款账户划转本季度应付短期借款利息 2 500 元，前两个月已预提 1 666.66 元。该项借款用于日常周转。

【业务 58】

中国光大银行安徽分行贷款利息凭证（付款凭证）

委托日期 2019 年 12 月 22 日 第 号

收款人	全称	光大银行蜀山支行	付款人	全称	安徽惠源电子有限公司	
	账号	23010888		账号	23010001	
	开户银行	光大银行蜀山支行		开户银行	光大银行蜀山支行	
计息起讫日期		2019 年 9 月 21 日—2019 年 12 月 20 日				
借款金额		¥200 000.00	利率	5%	利息金额	¥2 500.00

你单位上述应付借款利息已从你单位账户划出。 银行盖章 复核：

（光大银行蜀山支行 2019.12.22 业务章）

（59）22 日，接银行付款通知，支付中国光大银行手续费 255.5 元，支付中国建设银行手续费 31.5 元（银行手续费应按笔支付，为减少凭证数量，本书按汇总支付处理）。

【业务 59.1】

光大银行收费凭证

2019 年 12 月 22 日

缴款单位	安徽惠源电子有限公司		账号						23010001
种类	份数	单价	金额						备注
邮费	40	2.00			8	0	0	0	
电报费	20	5.00		1	0	0	0	0	
手续费	151	0.50			7	5	5	0	
人民币（大写）	贰佰伍拾伍元伍角	¥	2	5	5	5	0	人民币（大写）	

会计主管 复核 记账

（光大银行蜀山支行 2019.12.22 业务章）

【业务 59.2】

中国建设银行业务收费凭证

2019 年 12 月 22 日

户名：安徽惠源电子有限公司 账号：34010001

项目	起止号码	单价	数量	金		额		
				工本费	邮电费	手续费	其他	小计
电汇			3		30.00	1.50		31.50
合计			3		30.00	1.50		31.50
大写金额：（币种）叁拾壹圆伍角					科目（借）			
划款方式：1. 现金 2. 转账					对方科目（贷）			

出纳 复核：刘小兵 记账：王谷

（光大银行蜀山支行 2019.12.22 业务章）

（60）23 日，上月销售给蚌埠智能有限责任公司的混合器 100 台，货款未付；其中 5 台存在质量问题，经协商同意对方退货，不含增值税价格 1 000 元/台。因对方已将发票联入账，由其向主管税务机关申请取得“开具红字增值税专用发票通知单”，安徽惠源电子有限公司根据“开具红字增值税专用发票通知单”开具红字增值税专用发票，发票联和抵扣联交蚌埠智能有限责任公司。

【业务 60.1】

开具红字增值税专用发票通知单

填开日期：2019 年 12 月 23 日　　　　单位：元　　　　No. 500567800

销售方	名称	安徽惠源电子有限公司	购买方	名称	蚌埠智能有限责任公司
	税务登记代码	91340104000012345N		税务登记代码	91340201000011345G
开具红字发票内容	货物（劳务）名称	单价	数量	金额	税额
	混合器	1 000元/台	5台	5 000.00	650.00
	合计			¥5 000.00	¥650.00
说明	需要作进项税额转出☑ 不需要作进项税额转出□ 纳税人识别号认证不符□ 专用发票号码、代码认证不符□ 对应蓝字专用发票密码区内打印的代码： 号码：3402010096 开具红字专用发票理由：进货退出				

经办人：　　　　负责人：　　　　主管税务机关名称（印章）：

第二联 购买方送交销售方留存

【业务 60.2】

3401180056　　　　**安徽增值税专用发票**　　　　No. 23009678

此联不作报销、扣税凭证使用　　　　开票日期：2019 年 12 月 23 日

购货方	名称	蚌埠智能公司	密码区	1257−1<9−7−615962848
	纳税人识别号	91340201000011345G		<032/529/29533−4974>9/29533−
	地址、电话	蚌埠市红星路 158 号 0552-55002221		1626<8−3024>82906−24974
	开户行及账号	工行珠城支行 23023331		1626−47−6<7>2*−/>*>7/

货物或应税劳务、服务名称	规格型号	单位	数量	单价	金额	税率	税额
混合器		台	-5	1 000	-5 000.00	13%	-650.00
合计					-5 000.00		-650.00
价税合计（大写）	人民币伍仟陆佰伍拾元整（红字）					（小写）¥-5 650.00	

销售方	名称	安徽惠源电子有限公司	备注	
	纳税人识别号	91340104000012345N		
	地址、电话	合肥市泰和路 158 号 0551-55000001		
	开户行及账号	光大银行蜀山支行 23010001		

收款人：蒋云　　复核：　　开票人：孔东　　销货方（章）：

第一联 记账联 销货方记账凭证

【业务 60.3】

产成品入库单

交库单位：销售部　　　　2019 年 12 月 23 日　　单位：元　　仓库：成品仓库　　第 1012 号

产品名称	规格型号	计量单位	交付数量	检验结果	实收数量	单位成本	总成本
混合器		台	5		5	479.50	2 397.50
					5	479.50	2 397.50

第二联 财务记账

车间负责人：　　　　仓库经办人：侯洁　　　　制单：王静

（61）23 日，安徽惠源电子有限公司用一辆帕萨特型汽车与合肥长河电脑有限公司交换 30 台联想笔记本电脑；帕萨特型汽车的账面原值为 200 000 元，在交换日已提折旧 71 250 元，公允价值为 116 000 元；联想笔记本电脑的单位价值为 4 000 元，在交换日的公允价值为 116 000 元，此项交易具有商业性质。

【业务 61.1】

货物交换协议

甲方：合肥长河电脑有限公司

乙方：安徽惠源电子有限公司

甲乙双方经协商，达成如下协议：

乙方以一辆帕萨特型汽车与甲方交换 30 台联想启天 4000 电脑。乙方保证对用于交换的标的物拥有所有权，标的物性能在移交时安全正常，甲方保证用于交换的标的物质量合格，并提供相关售后服务。上述资产应于 12 月 24 日前移交，所有权随实物移交转移。未尽事宜，由双方协商确定。

本协议一式两份，双方各执一份，于签字之日起生效。

甲方：合肥长河电脑有限公司（盖章）　　乙方：安徽惠源电子有限公司（盖章）

法定代表人签字：刘[illegible]　　法定代表人签字：景方园

2019-12-23　　2019-12-23

【业务 61.2】

安徽惠源电子有限公司

固定资产验收单

2019 年 12 月 23 日　　单位：元

名称	规格型号	单位	数量	设备原值	预计使用年限	使用部门	预计净残值
联想电脑	启天 4000	台	30	100 000.00	5	办公室	0
合计				100 000.00			
备注							

部门负责人：汪侠　　实物负责人：刘文雯

【业务 61.3】

固定资产处置申请单

固定资产编号：318　　2019 年 12 月 23 日　　固定资产卡片编号：397

设备名称	帕萨特型小车	预计使用年限	8 年	已使用年限	3 年
规格型号	F110	设备原值（元）	200 000.00	已提折旧（元）	71 250.00
使用部门	办公室	折余价值（元）	128 750.00	预计净残值（元）	10 000.00
报废原因	资产交换				
处理意见	使用部门	技术鉴定小组	固定资产管理部门	单位领导	
	同意	同意	同意	同意 景方园	

【业务 61.4】

安徽增值税专用发票

3401180162　　No. 205214593

开票日期：2019 年 12 月 23 日

购买方	名称	安徽惠源电子有限公司	密码区	613215548<032/52>615962
	纳税人识别号	91340104000012345N		<009−/29533−4974−56−8<5>2*−/>*
	地址、电话	合肥市泰和路 158 号 0551-55000001		1626<8−3024>82906−2−6<7>
	开户行及账号	光大银行蜀山支行 23010001		3*−/>*>−47−6<71626−47

货物或应税劳务、服务名称	规格型号	单位	数量	单价	金额	税率	税额
联想笔记本电脑	E40	台	30	3 333.33	100 000.00	13%	13 000.00
合计					100 000.00		13 000.00
价税合计（大写）	人民币壹拾壹万叁仟元整					（小写）¥113 000.00	

销售方	名称	合肥长河电脑有限公司	备注	合肥长河电脑有限公司 91340104000031122E 发票专用章
	纳税人识别号	91340104000031122E		
	地址、电话	合肥市黄山路 125 号 0551-63456701		
	开户行及账号	工行双岗支行 0006658		

收款人：李年来　　复核：　　开票人：黄雯松　　销货方（章）：

第三联　发票联　购货方记账凭证

【业务 61.5】

安徽增值税专用发票

3401180345　　No. 205214593

此联不作报销、扣税凭证使用　　开票日期：2019 年 12 月 21 日

购买方	名称	合肥长河电脑有限公司	密码区	613215548<032/52>615962
	纳税人识别号	91340104000031122E		<009−/29533−4974−56−8<5>2*−/>*
	地址、电话	合肥市黄山路 125 号 0551-63456701		1626<8−3024>82906−2−6<7>
	开户行及账号	工行双岗支行 0006658		3*−/>*>−47−6<71626−47

货物或应税劳务、服务名称	规格型号	单位	数量	单价	金额	税率	税额
小汽车		台	1	100 000	100 000.00	13%	13 000.00
合计					100 000.00		13 000.00
价税合计（大写）	人民币壹拾壹万叁仟元整					（小写）¥113 000.00	

销售方	名称	安徽惠源电子有限公司	备注	
	纳税人识别号	91340104000012345N		
	地址、电话	合肥市泰和路 158 号 0551-55000001		
	开户行及账号	光大银行蜀山支行 23010001		

收款人：李年来　　复核：　　开票人：黄雯松　　销货方（章）：

第一联　记账联　销货方记账凭证

（62）23 日，办公室报销汽油费 2 100 元，过路费 365 元，出纳以现金付讫。

【业务 62.1】

单 据 报 销 封 面

编号：

开支项目 车辆费 附单据张数 2 附件张数

共报销人民币（大写）贰仟肆佰陆拾伍元整 现金付讫 ¥2 465.00

报销人部门：办公室	签名：王芳		日期：2019 年 12 月 23 日
负责人审批意见： 同意报销。 景方园 2019 年 12 月 23 日	财务审核意见： 同意报销。 唐至诚 2019 年 12 月 23 日	部门意见： 属实。 黄奇 2019 年 12 月 23 日	说明： 1. 12 月份过路费 365 元 2. 12 月车辆用油 2 100 元 王芳 2019/12/23

【业务 62.2】

安徽省公路桥梁隧道车辆通行费

No. 00124678

车主	安徽惠源电子有限公司				
主车	皖 AA516632	皖 AA516632	座位	主车	5 人
挂车				挂车	
车类	轿车	主车吨费额		主车吨费额	
金额（大写）	人民币叁佰陆拾伍元整			¥365.00	
有效期	2019 年 12 月 23 日			有效范围	
收费单位	盖章			填发人	
				收款人	张芙蓉
				填发日期	2019/12/23

【业务 62.3】

安徽省国家税务局通用机打发票

中国石油化工股份有限公司合肥销售分公司

合国税（2019）印字第 18 号

发票代码：134011521321

发票号码：56325723

客户名称：安徽惠源电子有限公司

机打票号：94422336

机器编号：000053 1010392602

开票日期：2019 年 12 月 21 日

项目	数量	单价	金额
92#汽油	350	6.00	2 100.00

合计（小写）¥2 100.00

合计（大写）人民币贰仟壹佰元整

收款方名称：中国石油化工股份有限公司合肥销售分公司

收款方识别号：91340103123452345A

除客户名称外手写无效

（63）24 日，自中国光大银行提取 4 500 元备用。

【业务 63】

光大银行现金支票存根

支票号码　VIⅡ44855298

科　　目

对方科目

出票日期 2019 年 12 月 23 日

收款人：安徽惠源电子有限公司

金　额：¥4 500.00

用　途：备用金

备　注：

单位主管　景方圆　　　会计　杨瑶霞

（64）24 日，通过光大银行缴纳本月印花税 652.5 元。

【业务 64】

中　华　人　民　共　和　国
税　收　完　税　证　明

隶属关系：有限责任公司　　　　　　　　　　　　　　　　　皖地证 06324043 号

注册类型：省属　　　　填发日期：2019 年 12 月 24 日　　　　征收机关：合肥地税局征管分局

纳税人识别号	91340104000012345N		纳税人名称	安徽惠源电子有限公司	
原凭证号	税种		品目名称	税款所属日期	
340160412000071335	印花税	购销合同	2019-12-1 至 2019-12-31	2019/12/24	652.50
金额合计	（大写）陆佰伍拾贰元伍角			¥652.50	
合肥市地方税务局 10号 征税专用章 税务机关（盖章）		填票人（章）张丽颖		备注：（131）皖地证 06324043 一般申报　正税 电子税票号码：34016041400113033	

第一联（收据）交纳税人作完税证明

逾期不缴按税法规定加收滞纳金

（65）24日，收到银行收款通知，一季度中国光大银行存款利息1157.32元，中国建设银行存款利息356.28元。

【业务65.1】

中国光大银行利息清单（收账通知）

单位：安徽惠源电子有限公司　　2019年12月24日　　账号：34010001

起息日期	结息日期	天数	积数	利率	利息
2019/9/21	2019/12/20	90	119 038 628.57	0.35%	1 157.32
合计					¥1 157.32
上列存款利息，已照收你单位34010001账户。（银行盖章）					

建设银行安徽分行营业部 2019.12.24 业务章

【业务65.2】

中国建设银行利息清单（收账通知）

单位：安徽惠源电子有限公司　　2019年12月24日　　账号：23010001

起息日期	结息日期	天数	积数	日利率	利息
2019/9/21	2019/12/20	90	36 645 942.86	0.35%	356.28
合计					¥356.28
上列存款利息，已照收你单位23010001账户。（银行盖章）					

建设银行安徽分行营业部 2019.12.24 业务章

（66）24日，发放职工困难补助1 200元，出纳以现金付讫。

【业务66.1】

职工困难补助发放表

2019年12月24日

姓名	部门	补助金额(元)	签名
王中奇	生产技术部	400.00	王中奇
景慧灵	一车间	400.00	景慧灵
张又涛	机修车间	400.00	张又涛
		现金付讫	
合计		1 200.00	

负责人：景方园　　人力资源部（盖章）

（67）25日，销售部王胜利等报销差旅费1 895元，出纳以现金付讫（注：取得注明旅客身份信息的铁路客运票及住宿费增值税专用发票，交通费、住宿费发票等原始凭证略）。

【业务67】

差 旅 费 报 销 单

部门：销售部　　　　2019年12月25日

出差人		王胜利、金强							出差事由	到南京、上海参加展销会			
出发				到达				交通工具	交通费	出差补贴		其他费用	
月	日	时	地点	月	日	时	地点			天数	金额	项目	金额
12	19		合肥	12	19		南京	火车	80	3	120	市内交通费	110
12	20		南京	12	20		上海	火车	220			住宿费	800
12	21		上海	12	21		合肥	火车	312			邮电费	
												办公用品费	
												其他	253
合计									612		120		1 163
报销总额	人民币（大写）壹仟捌佰玖拾伍元整								预借旅费			补领金额	¥
												退还金额	¥

附件12张

现金付讫

领导签字：景方园　　财务审核：唐至诚　　出纳：杨瑶霞　　领款人：王胜利

（68）25日，通过中国光大银行支付税务局代征的工会经费1 100元。

【业务68.1】

工会经费结算款专用凭证（缴款书）

2019/12/25　　No. 24938009

交款单位	安徽惠源电子有限公司	收款单位	合肥市总工会
交款项目	2018年10—12月工会经费	开户银行	银行账号
交款金额	人民币（大写）：壹仟壹佰元整 ¥1 100.00	工行金办	34010100002222
收款单位（公章）	光大银行蜀山支行 2019.12.25 业务章 银行盖章	备注	

第二联 缴款单位回单

【业务68.2】

付 款 通 知 书

部门	办公室		经办人	王芳
款项用途	缴纳工会经费		付款日期	2019/12/25
付款金额	小写	¥1 100.00元	大写	壹仟壹佰元整
收款人名称	合肥地税局征管分局			
开户行	商行长江分理处		账号	11010055
财务负责人	唐诚		公司负责人	景方园

转讫

（69）26日，经查明1#芯片、3#芯片盘亏系丢失。

【业务69】

实存账存对比表

单位：安徽惠源电子有限公司　　填表日期2019年12月26日　　单位：元　　编号：08012

序号	类别名称	计量单位	单价	实际结存数		账面结存数		对比结果				原因
								盘盈		盘亏		
				数量	金额	数量	金额	数量	金额	数量	金额	
1	1#芯片	百片	200	199.5	15 900.00	200	16 000.00			0.5	100.00	丢失
2	3#芯片	百片	300	299	33 300.00	300	33 600.00			1	300.00	
合计											400.00	

单位负责人：景方圆　　会计主管：陈慧　　制表：李国忠

（70）26日，办公室报销邮寄费1 505元，出纳以现金付讫。

【业务70.1】

单　据　报　销　封　面

编号：

开支项目　邮寄费　　附单据张数　1　　附件张数

共报销人民币（大写）壹仟伍佰零伍元整　　现金付讫　　¥1 505.00

报销人部门：办公室　　签名：王芳　　日期：2019年12月26日

负责人审批意见： 同意报销。 景方园 2019年12月26日	财务审核意见： 同意报销。 唐至诚 2019年12月26日	部门意见： 属实。 黄奇 2019年12月26日	说明： 公司12月份邮寄费 王芳 2019年12月26日

【业务70.2】

安徽增值税专用发票

3401180756　　发票联　　No. 50575851

开票日期：2019年12月26日

购货方	名称：安徽惠源电子有限公司 纳税人识别号：91340104000012345N 地址、电话：合肥市泰和路158号 0551-55000001 开户行及账号：光大银行蜀山支行 23010001				密码区	1257－1<9－7－615962848 <032/52>9/29533－49741626 <8－3024>82906－2－47－6 <2172*3322－/>*>609/－479		
货物或应税劳务、服务名称	规格型号	单　位	数　量	单价	金　额	税率	税　额	
邮寄费					1 419.81	6%	85.19	
合计					1 419.81		85.19	
价税合计（大写）	人民币壹仟伍佰零伍元整					（小写）¥1 505.00		
销售方	名称：安徽合肥邮政局赤阑桥分局 纳税人识别号：91340101000034522D 地址、电话：合肥市红星路125号 0551-26456700 开户行及账号：工行红星路支行 3006658				备注	安徽合肥邮政局赤阑桥分局 91340101000034522D 发票专用章		

第三联 发票联 购货方记账凭证

收款人：黄韶先　　复核：　　开票人：李一松　　销货方（章）：

（71）27日，前欠马鞍山钢铁公司货款到期，通过中国光大银行支付300 000元，余额278 520元通过签发一张期限3个月的银行承兑汇票支付，银行承兑汇票手续费率为0.5‰。

【业务71.1】

付 款 通 知 书

部门	采购部		经办人	陈新
款项用途	付货款		付款日期	2019/12/27
付款金额	小写	¥300 000.00元	大写	人民币叁拾万元整
收款人名称	马鞍山钢铁公司			
开户行	工行钢城支行		账号	340801000111
财务负责人	唐志诚		公司负责人	景方园

转讫

【业务71.2】

中国光大银行电汇凭证（回　单）

委托日期　2019年12月27日　　　　第　　号

付款人	全称	安徽惠源电子有限公司			收款人	全称	马鞍山钢铁公司		
	账号或住址	光大银行蜀山支行 23010001				账号或住址	工行钢城支行 340801000111		
	汇出地点	安徽省合肥市（县）	汇出行名称	光大银行蜀山支行		汇出地点	安徽省马鞍山市（县）	汇出行名称	工行钢城支行
金额	人民币（大写）叁拾万元整						¥300 000.00		

汇款用途：货款

汇出行盖章　2019年12月27日

光大银行蜀山支行 2019.12.27 业务章

单位主管　　会计　　复核　　记账

【业务71.3】

银行承兑汇票（存根）　VI6578

签发日期：贰零壹玖年壹拾贰月贰拾柒日　　第　　号

收款人	全称	马鞍山钢铁公司		承兑申请人	全称	安徽惠源电子有限公司									
	账号	340108000321			账号	23010001									
	开户银行	工行相山支行	行号		开户银行	光大银行蜀山支行	行号								
汇票金额		人民币（大写）贰拾柒万捌仟伍佰贰拾元整				百	十	万	千	百	十	元	角	分	
						¥	2	7	8	5	2	0	0	0	
汇票到期日		贰零贰零年叁月贰拾柒日		承兑协议编号	15676	交易合同号码									
本汇票已经承兑，到期无条件支付票款 承兑人签章 承兑日期 2019年12月27日				负责　何中新		经办　崔萧红									

此联签发人存查

光大银行蜀山支行 2019.12.27 业务章

【业务 71.4】

中国光大银行　　收费凭条

2019 年 12 月 27 日

付款人名称		安徽惠源电子有限公司		账号	23010001
服务项目	数量	工本费	手续费	小计	
承兑手续费			¥139.26	¥139.26	
人民币大写		壹佰叁拾玖元贰角陆分			

会计　　出纳　　经办人

（光大银行蜀山支行 2019.12.27 业务章）

（72）28 日，收到中国光大银行通知，采购高频器和线路板的银行汇票多余款已划回收账。

【业务 72】

光 大 银 行　　ⅢⅤ　00451356

付款期限 壹 个 月

银 行 汇 票（多余款 收账通知）4　　汇票号码

第　号

出票日期（大写）	贰零壹玖年壹拾贰月	代理付款行：光大银行蜀山支行	行号：6301
收款人：马鞍山电子器材公司		账号：340108000111	
出票金额 人民币（大写）	壹拾肆万元整		

实际结算金额 人民币（大写）	千	百	十	万	千	百	十	元	角	分
壹拾贰万玖仟玖佰伍拾元整		¥	1	2	9	9	5	0	0	0

此联出票行结清多余款后交申请人

申请人：安徽惠源有限责任公司　　号或住址：

出票行：光大银行蜀山支行　行号：6301

备　注：货款

出票行盖章

（中国光大银行安徽蜀山支行 2019.12.28 模拟 转讫（3））

多余金额									
千	百	十	万	千	百	十	元	角	分
		¥	1	0	0	5	0	0	0

左列退回多余金额已收入你帐户内。

财务主管　　复核　　经办

（73）28 日，通过中国光大银行向安徽省希望工程办公室汇款 20 000 元。

要求：填制银行进账单。

【业务 73.1】

付 款 通 知 书

部门	办公室		经办人	王芳
款项用途	对希望工程捐款		付款日期	2019/12/28
付款金额	小写	¥20 000.00 元	大写	人民币贰万元整
收款人名称	安徽省希望工程办公室			
开户行	工行四牌楼支行		账号	340101000611
财务负责人	唐志诚		公司负责人	景方园

（转讫）

【业务 73.2】

光大银行转账支票存根

支票号码　VI II 06951718

科　　目

对方科目

出票日期 2019 年 12 月 28 日

收款人：安徽省希望工程办公室

金　额：¥20 000.00

用　途：捐助款

备　注：

单位主管　景方圆　　　会计　杨瑶霞

【业务 73.3】

安徽省政府非税收入专用收据

2019/12/28　　皖财专字　(2019)　　0007616703

缴款单位：安徽惠源电子有限公司

收入项目名称	单位收缴标准	数量	金额								
			百	十	万	千	百	十	元	角	分
捐赠款					2	0	0	0	0	0	0
金额合计（大写）人民币　贰万元整　¥20 000.00											

执收单位（公章）：　　负责人：　　收款人：

第二联：收据

【业务 73.4】

光大银行进账单（回单）　1

年　月　日

付款人	全称		收款人	全称	
	账号			账号	
	开户银行			开户银行	

人民币（大写）	千	百	十	万	千	百	十	元	角	分

票据种类		票据张数		光大银行蜀山支行 2019.12.28 转讫
票据号码				
单位主管　复核　记账				出票人开户银行盖章

此联是开户银行交给持票人的回单

（74）29 日，通过光大银行支付铜丝加工费用 1 130 元，铜丝加工完毕收回。

要求：① 填制原材料入库单。

② 填制银行进账单。

【业务 74.1】

3401180963　　安徽增值税专用发票　　No. 50567801

（印章：全国统一发票监制章 安徽 国家税务总局监制）

开票日期：2019 年 12 月 29 日

购货方	名称	安徽惠源有限责任公司	密码区	3457－1<9－7－123692724<032/52>
	纳税人识别号	340104000012345		9/29864－49741626<8－3024>87531－2
	地址、电话	合肥市泰和路 158 号 0551-55000001		－75－6<8>2*－/>*>7/
	开户行及账号	光大银行蜀山支行 23010001		

货物或应税劳务、服务名称	规格型号	计量单位	数　量	单　价	金　额	税率	税额
铜丝加工费		千克	100	10	1 000.00	13	130.00
合计					1 000.00		130.00
价税合计（大写）	人民币壹仟壹佰叁拾元整				（小写）¥1 130.00		

销售方	名称	合肥辉煌加工厂	备注	（印章：合肥辉煌加工厂 913401040000345K22 发票专用章）
	纳税人识别号	913401040000345K22		
	地址、电话	合肥市宿州路 125 号 0551-26456700		
	开户行及账号	农行东城岗支行 3006658		

第三联 发票联 购货方记账

收款人：黄年来　　复核：　　开票人：李雯松　　销货方（章）：

【业务 74.2】

付　款　通　知　书

部门	一车间		经办人	方芳
款项用途	支付加工费		付款日期	2019. 12. 29
付款金额	小写	¥1 130.00 元	大写	人民币壹仟壹佰叁拾元整
收款人名称	合肥辉煌加工厂		转讫	
开户行	农行东城岗支行		账号	3006658
财务负责人	唐志诚		公司负责人	景方园

【业务 74.3】

光大银行转账支票存根

支票号码　VI II 06951718

科　　目

对方科目

出票日期 2019 年 12 月 28 日

收款人：合肥辉煌加工厂

金　额：¥1 130.00

用　途：加工费

备　注：

单位主管　景方园　　会计　杨瑶霞

【业务 74.4】

光大银行进账单（回单） 1

年 月 日

<table>
<tr><td rowspan="3">付款人</td><td>全称</td><td colspan="2"></td><td rowspan="3">收款人</td><td>全称</td><td colspan="10"></td></tr>
<tr><td>账号</td><td colspan="2"></td><td>账号</td><td colspan="10"></td></tr>
<tr><td>开户银行</td><td colspan="2"></td><td>开户银行</td><td colspan="10"></td></tr>
<tr><td colspan="6" rowspan="2">人民币（大写）</td><td>千</td><td>百</td><td>十</td><td>万</td><td>千</td><td>百</td><td>十</td><td>元</td><td>角</td><td>分</td></tr>
<tr><td></td><td></td><td></td><td></td><td></td><td></td><td></td><td></td><td></td><td></td></tr>
<tr><td>票据种类</td><td></td><td>票据张数</td><td></td><td colspan="12" rowspan="3">光大银行蜀山支行
2019.12.29
转讫
出票人开户银行盖章</td></tr>
<tr><td>票据号码</td><td colspan="3"></td></tr>
<tr><td colspan="4">单位主管 复核 记账</td></tr>
</table>

此联是开户银行交给持票人的回单

【业务 74.5】

入库单

入库日期：20 年 月 日

供货单位： 发票号码： No：002005

类别	材料名称	入库数量	计量单位	单价	金额	备注
合计						

负责人： 财务： 保管员：

第二联：记账联

（75）29 日，通过光大银行转账支付 CPU 升级新技术开发阶段费用 61 480 元。

【业务 75.1】

付 款 通 知 书

<table>
<tr><td>部门</td><td colspan="2">技术部</td><td>经办人</td><td>方芳</td></tr>
<tr><td>款项用途</td><td colspan="2">支付技术开发费</td><td>付款日期</td><td>2019. 12. 29</td></tr>
<tr><td>付款金额</td><td>小写</td><td>¥61 480. 00</td><td>大写</td><td>人民币陆万壹仟肆佰捌拾元整</td></tr>
<tr><td>收款人名称</td><td colspan="4">安徽电子研究所 转讫</td></tr>
<tr><td>开户行</td><td colspan="2">农行东城岗支行</td><td>账号</td><td>3006658</td></tr>
<tr><td>财务负责人</td><td colspan="2">唐志诚</td><td>公司负责人</td><td>景方园</td></tr>
</table>

【业务 75.2】

光大银行进账单（回单） 1

2019 年 12 月 29 日

付款人	全称	安徽惠源电子有限公司	收款人	全称	安徽电子研究所
	账号	23010001		账号	3006658
	开户银行	光大银行蜀山支行		开户银行	农行东城岗支行

人民币（大写）陆万壹仟肆佰捌拾元整	千	百	十	万	千	百	十	元	角	分
			¥	6	1	4	8	0	0	0

票据种类	转支	光大银行蜀山支行 2019.12.29 转讫
票据张数	1	
单位主管　会计　复核　记账		出票人开户银行盖章

此联是出票人开户银行给出票人的回单

【业务 75.3】

3401180652　　**安徽增值税专用发票**　　No. 56705118

发票联

开票日期：2019 年 12 月 29 日

购买方	名称：安徽惠源电子有限公司 纳税人识别号：91340104000012345N 地址、电话：合肥市泰和路 158 号 0551-55000001 开户行及账号：光大银行蜀山支行 23010001	密码区	1<9−7−613215548<032/52>/ 29533−4974−56−8<5>2*−/>*>6/ 1626<8−3024>82906−2−47−6<7> 3*−/>*>−47−6<71626

货物或应税劳务、服务名称	规格型号	单位	数量	单价	金额	税率	税额
CPU 技术开发费			1	58 000	58 000.00	6%	3 480.00
合计					58 000.00		3 480.00
价税合计（大写）	人民币陆万壹仟肆佰捌拾元整					（小写）¥61 480.00	

销售方	名称：安徽电子研究所 纳税人识别号：91340801000024321D 地址、电话：合肥市紫云路 125 号 0551-43456700 开户行及账号：农行东城岗支行 3006658	备注	安徽电子研究所 91340801000024321D 发票专用章

收款人：方文宾　　复核：　　开票人：李思年　　销货方（章）：

第三联 发票联 购货方记账凭证

【业务 75.4】

光大银行转账支票存根

支票号码　VI II 06951718

科　　目

对方科目

出票日期 2019 年 12 月 29 日

收款人：安徽电子研究所

金　额：¥61 480.00

用　途：CPU 技术开发费

备　注：

单位主管　景方圆　　会计　杨瑶霞

（76）30日，收到四季度长期借款利息付款通知，计16 000元（年利率8%），两项借款均用于一车间扩建工程。

【业务76.1】

中国光大银行安徽分行贷款利息凭证（付款凭证）

委托日期　2019年12月30日　　No. 78015018

收款人	全称	光大银行蜀山支行	付款人	全称	安徽惠源电子有限公司
	账号	23010888		账号	23010001
	开户银行	光大银行蜀山支行		开户银行	光大银行蜀山支行
计息起讫日期	2019年9月21日—2019年12月20日				
借款金额	¥300 000.00	年利率	8%	利息金额	¥6 000.00
你单位上述应付借款利息已从你单位账户划出。	银行盖章		复核：		记账：

【业务76.2】

中国建设银行安徽分行贷款利息凭证（付款凭证）

委托日期　2019年12月30日　　No. 50567801

收款人	全称	建设银行安徽分行	付款人	全称	安徽惠源电子有限公司
	账号	34010555		账号	34010001
	开户银行	建设银行安徽分行		开户银行	建设银行安徽分行营业部
计息起讫日期	2019年9月21日—2019年12月20日				
借款金额	¥500 000.00	年利率	8%	利息金额	¥10 000.00
你单位上述应付借款利息已从你单位账户划出。	银行盖章		复核：		记账：

【业务76.3】

借款费用资本化计算表

2019年12月30日　　单位：元

借款种类		长期专项借款	资本化利率	8%
借款金额		800 000.0		
其中	光大银行	3 000 000.00	资本化支出	971 000.00
	建设银行	500 000.00		
本期应计利息		16 000.00	本期资本化利息	16 000.00
其中	光大银行	6 000.00		
	建设银行	10 000.00		

制表人：柏茹

（77）30日，收到广利商贸公司交来的第四季度房屋租赁费25 000元（注：该房产2016年4月30日前购置），房产税税率12%，印花税税率1‰。

要求：填制增值税专用发票。

【业务77.1】

光大银行进账单（收账通知） 3

2019年12月30日

付款人	全称	合肥广利商贸公司	收款人	全称	安徽惠源电子有限公司
	账号	23011268		账号	23010001
	开户银行	中行潜山路支行		开户银行	光大银行蜀山分行
人民币（大写）贰万伍仟元整				千 百 十 万 千 百 十 元 角 分	¥ 2 5 0 0 0 0 0
票据种类	转支				
票据张数	1				
单位主管 会计 复核 记账			出票人开户银行盖章		

光大银行蜀山支行 2019.12.30 转讫

此联是收款人开户银行给收款人的收账通知

【业务77.2】

应交税金计算表

2019年12月30日

单位：元

税费名称	计提依据	计提比例	金额	应入科目
房产税	23 809.52	12%	2 857.14	
印花税	25 000	1‰	25	
合计				

制表人：柏茹

【业务77.3】

3401060026

安徽增值税专用发票

此联不作报销、扣税凭证使用

No. 12345691

开票日期：20　年　月　日

购买方	名称 纳税人识别号 地址、电话 开户行及账号				0365−1<9−7−615962848<032/52> 204/8527461259/29533−4974 1626<8−3024>82906−2/85274 −47−6<7>2*−/>*>6/85274		
货物或应税劳务、服务名称	规格型号	计量单位	数量	单价	金额	税率	税额
合计							
价税合计（大写）					（小写）¥		
销售方	名称 纳税人识别号 地址、电话 开户行及账号			备注			

收款人：　　复核：　　开票人：　　销货单位（章）：

第一联 记账联 销货方记账凭证

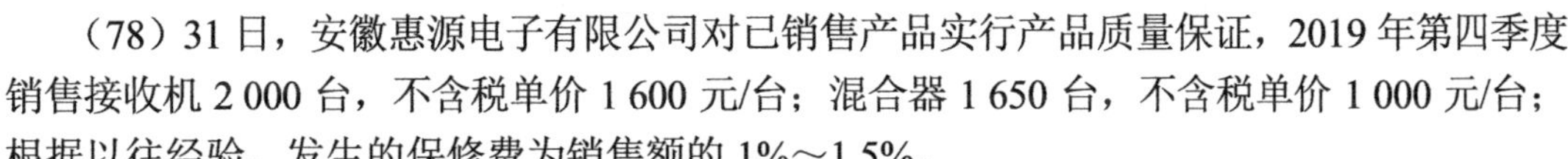

（78）31 日，安徽惠源电子有限公司对已销售产品实行产品质量保证，2019 年第四季度销售接收机 2 000 台，不含税单价 1 600 元/台；混合器 1 650 台，不含税单价 1 000 元/台；根据以往经验，发生的保修费为销售额的 1%～1.5%。

（79）31 日，CPU 升级新技术研制成功，已向国家专利局申请专利，通过光大银行转账支付注册费、律师费。此项专利作为无形资产核算，按 10 年摊销。

【业务 79.1】

付 款 通 知 书

部门	生产技术部		经办人	章明清
款项用途	付律师费		付款日期	2019. 12. 31
付款金额	小写	¥10 600.00	大写	人民币壹万零陆佰元整
收款人名称	安徽纵横律师事务所 转讫			
开户行	徽商银行金寨路支行		账号	6006677
财务负责人	唐志诚		公司负责人	景方园

【业务 79.2】

付 款 通 知 书

部门	技术部		经办人	章明清
款项用途	付专利申请费		付款日期	2019. 12. 31
付款金额	小写	¥15 000.00	大写	人民币壹万伍仟元整
收款人名称	安徽省专利局 转讫			
开户行	工行雷锋支行		账号	3005899
财务负责人	唐志诚		公司负责人	景方园

【业务 79.3】

光大银行转账支票存根

支票号码 VI II 06951719

科 目

对方科目

出票日期 2019 年 12 月 28 日

收款人：安徽纵横律师事务所

金 额：¥10 600.00

用 途：法律服务费

备 注：

单位主管 景方圆 会计 杨瑶霞

【业务79.4】

光大银行转账支票存根

支票号码 VIⅡ06951720

科　　目

对方科目

出票日期 2019年12月28日

收款人：安徽省专利局

金　额：¥15 000.00

用　途：专利申请费

备　注：

单位主管 景方圆　　会计 杨瑶霞

【业务79.5】

光大银行进账单（回单）　1

2019年12月31日

<table>
<tr><td rowspan="3">付款人</td><td>全称</td><td colspan="3">安徽惠源电子有限公司</td><td rowspan="3">收款人</td><td>全称</td><td colspan="10">安徽纵横律师事务所</td></tr>
<tr><td>账号</td><td colspan="3">23010001</td><td>账号</td><td colspan="10">6006677</td></tr>
<tr><td>开户银行</td><td colspan="3">光大银行蜀山支行</td><td>开户银行</td><td colspan="10">徽商银行金寨路支行</td></tr>
<tr><td colspan="7" rowspan="2">人民币（大写）壹万零陆佰元整</td><td>千</td><td>百</td><td>十</td><td>万</td><td>千</td><td>百</td><td>十</td><td>元</td><td>角</td><td>分</td></tr>
<tr><td></td><td></td><td>¥</td><td>1</td><td>0</td><td>6</td><td>0</td><td>0</td><td>0</td><td>0</td></tr>
<tr><td colspan="2">票据种类</td><td colspan="3">转支</td><td colspan="12" rowspan="3">光大银行蜀山支行
2019.12.31
转讫

出票人开户银行盖章</td></tr>
<tr><td colspan="2">票据张数</td><td colspan="3">1</td></tr>
<tr><td colspan="5">单位主管　　会计　　复核　　记账</td></tr>
</table>

此联是出票人开户银行给出票人的回单

【业务79.6】

光大银行进账单（回单）　1

2019年12月31日

<table>
<tr><td rowspan="3">付款人</td><td>全称</td><td colspan="3">安徽惠源电子有限公司</td><td rowspan="3">收款人</td><td>全称</td><td colspan="10">安徽省专利局</td></tr>
<tr><td>账号</td><td colspan="3">23010001</td><td>账号</td><td colspan="10">3005899</td></tr>
<tr><td>开户银行</td><td colspan="3">光大银行蜀山支行</td><td>开户银行</td><td colspan="10">工行雷锋支行</td></tr>
<tr><td colspan="7" rowspan="2">人民币（大写）壹万伍仟元整</td><td>千</td><td>百</td><td>十</td><td>万</td><td>千</td><td>百</td><td>十</td><td>元</td><td>角</td><td>分</td></tr>
<tr><td></td><td></td><td>¥</td><td>1</td><td>5</td><td>0</td><td>0</td><td>0</td><td>0</td><td>0</td></tr>
<tr><td colspan="2">票据种类</td><td colspan="3">转支</td><td colspan="12" rowspan="3">光大银行蜀山支行
2019.12.31
转讫

出票人开户银行盖章</td></tr>
<tr><td colspan="2">票据张数</td><td colspan="3">1</td></tr>
<tr><td colspan="5">单位主管　　会计　　复核　　记账</td></tr>
</table>

此联是出票人开户银行给出票人的回单

【业务 79.7】

3401180123　　　　安徽增值税专用发票　　　　No. 50567867

开票日期：2019 年 12 月 31 日

购货方	名称	安徽惠源有限责任公司	密码区	3457−1<9−7−123692724
	纳税人识别号	340104000012345		<032/52>9/29864−4974
	地址、电话	合肥市泰和路 158 号 0551-55000001		1626<8−3024>87531−2
	开户行及账号	光大银行蜀山支行 23010001		−75−6<8>2*−/>*>7/

货物或应税劳务、服务名称	规格型号	计量单位	数　量	单　价	金　额	税　率	税　额
法律服务费			1	10 000	10 000.00	6%	600.00
合计					10 000.00		600.00
价税合计（大写）	人民币壹万零陆佰元整				（小写）¥10 600.00		

销售方	名称	安徽纵横律师事务所	备注	安徽纵横律师事务所 913401040000345K22 发票专用章
	纳税人识别号	913401040000345K22		
	地址、电话	合肥市紫云路 125 号 0551-26456700		
	开户行及账号	农行东城岗支行 3006658		

收款人：黄年来　　复核：　　开票人：李雯松　　销货方（章）：

第三联 发票联 购货方记账

【业务 79.8】

安徽省政府非税收入专用收据

2019 年 12 月 31 日　　皖财专字　　(2019)0007616111

缴款单位：安徽惠源电子有限公司

收入项目名称	单位收缴标准	数量	金额 百	十	万	千	百	十	元	角	分
专利申请费		1			¥	1	5	0	0	0	0
金额合计（大写）人民币　壹仟伍佰元整　¥：1 500.00											

（印章：安徽省专利局 91340101567558 2A12 财务专用章）

执收单位（公章）：　　负责人：　　收款人：

第二联：收据

（80）31 日，一车间生产线扩建工程完工，已办理竣工移交手续，交付一车间使用，余款通过建设银行支付。

【业务 80.1】

付 款 通 知 书

部门	生产技术部		经办人	章明清
款项用途	付施工费		付款日期	2019. 12. 31
付款金额	小写	¥141 700.00	大写	人民币壹拾肆万壹仟柒佰元整
收款人名称	合肥市瑶海建筑安装公司			
开户行	工行瑶海分理处		账号	340104000055555
财务负责人	唐志诚		公司负责人	景方园

【业务 80.2】

建设银行网上银行企业转账电子回单

付款人	全称	安徽惠源电子有限公司	收款人	全称	合肥市瑶海建筑安装公司
	账号	34010001		账号	340104000055555
	开户银行	建设银行安徽分行营业部		开户银行	工行瑶海分理处
转账时间		2019/12/31 14:58	转账金额		¥141 700.00
手续费		¥0.00	转账金额大写		人民币（大写）壹拾肆万壹仟柒佰元整
电子回单号		2018123198274890			
电子回单验证码		8b8c46e5ad456d83ab90c563ch			
银行盖章		用途	施工费		
		上述款项已按委托办理。 重要提示：本回单不作为收款方发货依据。			

建设银行安徽分行营业部 2019.12.31 业务章

此联是出票人开户银行给出票人的回单

【业务 80.3】

安徽增值税专用发票

3401185731

No. 30011166

开票日期：2019 年 12 月 31 日

购买方	名称	安徽惠源电子有限公司			密码区	77910i<9-7-6162848<032/52>		
	纳税人识别号	91340104000012345N				22-9/29533-1257-14974		
	地址、电话	合肥市泰和路 158 号 0551-55000001				1626<8-3024>82906-2134		
	开户行及账号	光大银行蜀山支行 23010001				5790-47-6<7>3*-/>*>		
货物或应税劳务、服务名称	规格型号	单 位	数 量	单 价	金 额	税 率	税 额	
建筑施工费			1	130 000	130 000.00	9%	11 700.00	
合计					130 000.00		11 700.00	
价税合计（大写）	人民币壹拾肆万壹仟柒佰元整					（小写）¥141 700.00		
销售方	名称	合肥市瑶海建筑安装公司		备注	合肥市瑶海建筑安装公司 91340101002135701C 发票专用章			
	纳税人识别号	91340101002135701C						
	地址、电话	合肥市铜陵路 355 号 0551-63411345						
	开户行及账号	工行瑶海分理处 340104000055555						

收款人：汪强　　复核：　　开票人：刘富　　销货方（章）：

第三联 发票联 购货方记账凭证

【业务 80.4】

安徽惠源电子有限公司

固定资产验收单

2019 年 12 月 31 日　　单位：元

名称	规格型号	单位	数量	设备原值	预计使用年限	使用部门	预计净残值
IBH-120	A-3 型	套	1		10	一车间	
合计				-			
备注							

部门负责人：雷鸣　　实物负责人：刘文雯

（81）31 日，接受投资单位本年度经营成果和利润分配情况如下：

恒顺印务有限责任公司本年度实现净利润 427 310 元，宣布向投资者分配现金股利 200 000 元，安徽惠源电子有限公司出资比例为 25%，该股权投资采用权益法核算。

永泰食品厂宣布向投资者分配本年度实现的净利润 50 000 元，安徽惠源电子有限公司的出资比例为 10%。该股权投资采用成本法核算（假设无清算性股利）。以上两企业均适用 25%的所得税税率。

【业务 81】

投资收益计算表

2019 年 12 月 31 日　　单位：元

被投资单位名称	账面价值	核算方法	被投资单位实现利润	被投资单位分配的利润	股权比例	应确认的投资收益
恒顺印务有限公司	475 000	权益法	427 310.00	200 000.00	25%	106 827.50
永泰食品厂	50 000	成本法	100 600.00	50 000.00	10%	5 000.00

（82）31 日，根据“工资汇总表”进行应付工资的分配；同时根据工时资料，在有关产品之间进行工资费用分配。

【业务 82】

工资费用分配表

2019 年 12 月 31 日

部门	应借账户	产品	生产工时/小时	分配率/（元/小时）	分配额/元
一车间	生产成本	CPU	1 750	0.520 8	18 114.58
		中频处理器	1 610	0.479 2	16 665.42
	制造费用				3 300.00
二车间	生产成本	耦合器	1 590	0.498 1	17 533.83
		放大模块	1 602	0.501 9	17 666.17
	制造费用				3 300.00
装配车间	生产成本	接收机	1 786	0.483 2	15 269.91
		混合器	1 910	0.516 8	16 330.09
	制造费用				3 610.00
机修车间	生产成本				20 000.00
办公室	管理费用				20 690.00
财务部					18 200.00
人力资源部					8 500.00
采购部					12 890.00
生产技术部					7 800.00
销售部	销售费用				19 550.00
合计					219 420.00

（83）31 日，按工资总额的 14%预提职工福利费；并根据工时资料，在有关产品之间分配职工福利费。

【业务 83.1】

应付福利费计算表

2019 年 12 月 31 日　　　　单位：元

<table>
<tr><td colspan="2">项目</td><td colspan="2">计提基数</td><td>计提比率</td><td>金额</td></tr>
<tr><td colspan="2">应付福利费</td><td colspan="2">本月工资总额 219 420 元</td><td>14%</td><td>30 718.80</td></tr>
<tr><td rowspan="13">其中：</td><td rowspan="2">一车间</td><td>生产工人</td><td>34 780</td><td>14%</td><td>4 869.20</td></tr>
<tr><td>管理人员</td><td>3 300</td><td>14%</td><td>462.00</td></tr>
<tr><td rowspan="2">二车间</td><td>生产工人</td><td>35 200</td><td>14%</td><td>4 928.00</td></tr>
<tr><td>管理人员</td><td>3 300</td><td>14%</td><td>462.00</td></tr>
<tr><td rowspan="2">装配车间</td><td>生产工人</td><td>31 600</td><td>14%</td><td>4 424.00</td></tr>
<tr><td>管理人员</td><td>3 610</td><td>14%</td><td>505.40</td></tr>
<tr><td colspan="2">机修车间</td><td>20 000</td><td>14%</td><td>2 800.00</td></tr>
<tr><td colspan="2">办公室</td><td>20 690</td><td>14%</td><td>2 896.60</td></tr>
<tr><td colspan="2">财务部</td><td>18 200</td><td>14%</td><td>2 548.00</td></tr>
<tr><td colspan="2">人力资源部</td><td>8 500</td><td>14%</td><td>1 190.00</td></tr>
<tr><td colspan="2">采购部</td><td>12 890</td><td>14%</td><td>1 804.60</td></tr>
<tr><td colspan="2">销售部</td><td>19 550</td><td>14%</td><td>2 737.00</td></tr>
<tr><td colspan="2">生产技术部</td><td>7 800</td><td>14%</td><td>1 092.00</td></tr>
</table>

【业务 83.2】

职工福利费分配表

2019 年 12 月 31 日　　　　单位：元

<table>
<tr><td>部门</td><td>应借账户</td><td>产品</td><td>生产工时/小时</td><td>分配率</td><td>分配额</td></tr>
<tr><td rowspan="3">一车间</td><td rowspan="2">生产成本</td><td>CPU</td><td>1 750</td><td>52.08%</td><td>2 536.04</td></tr>
<tr><td>中频处理器</td><td>1 610</td><td>47.92%</td><td>2 333.16</td></tr>
<tr><td colspan="2">制造费用</td><td></td><td></td><td>462.00</td></tr>
<tr><td rowspan="3">二车间</td><td rowspan="2">生产成本</td><td>耦合器</td><td>1 590</td><td>49.81%</td><td>2 454.74</td></tr>
<tr><td>放大模块</td><td>1 602</td><td>50.19%</td><td>2 473.26</td></tr>
<tr><td colspan="2">制造费用</td><td></td><td></td><td>462.00</td></tr>
<tr><td rowspan="3">装配车间</td><td rowspan="2">生产成本</td><td>接收机</td><td>1 786</td><td>48.32%</td><td>2 137.79</td></tr>
<tr><td>混合器</td><td>1 910</td><td>51.68%</td><td>2 286.21</td></tr>
<tr><td colspan="2">制造费用</td><td></td><td></td><td>505.40</td></tr>
<tr><td>机修车间</td><td colspan="2">生产成本</td><td></td><td></td><td>2 800.00</td></tr>
<tr><td>办公室</td><td colspan="2" rowspan="5">管理费用</td><td></td><td></td><td>2 896.60</td></tr>
<tr><td>财务部</td><td></td><td></td><td>2 548.00</td></tr>
<tr><td>人力资源部</td><td></td><td></td><td>1 190.00</td></tr>
<tr><td>采购部</td><td></td><td></td><td>1 804.60</td></tr>
<tr><td>生产技术部</td><td></td><td></td><td>1 092.00</td></tr>
<tr><td>销售部</td><td colspan="2">营业费用</td><td></td><td></td><td>2 737.00</td></tr>
<tr><td>合计</td><td colspan="2"></td><td></td><td></td><td>30 718.80</td></tr>
</table>

（84）31 日，中国人民银行公布的外汇市场即期汇率为 1 美元=6.72 元人民币，计算汇兑损益。

要求：填制汇兑损益计算表。

【业务84】

汇兑损益计算表

2019年12月31日　　单位：元

会计科目	外币账户人民币账面余额	调整后外币账户账面余额			汇兑损益	备注
		外币余额（$）	月末汇率	期末折算金额（¥）		
应付账款	168 840.00	25 200.00	¥6.72	169 344.00		汇兑收益用“+”号，汇兑损失用“-”号
合计						

制表人：柏茹

（85）31日，计提12月份固定资产折旧。

【业务85】

安徽惠源电子有限公司固定资产折旧计算表

2019年12月31日

使用部门	固定资产类别	月初固定资产原值/元	月折旧率	本月折旧额/元
管理部门	房屋、建筑物	1 220 000	0.20%	2 440.00
	电子设备	323 500	1.67%	5 402.45
	管理设备	1 005 600	1.62%	16 290.72
	运输工具	965 400	0.99%	9 557.46
	非生产设备	1 505 000	0.79%	11 889.50
	小计	5 019 500		45 580.13
销售部	房屋、建筑物	258 000	0.20%	516.00
	电子设备	75 700	1.67%	1 264.19
	管理设备	220 000	1.62%	3 564.00
	小计	553 700		5 344.19
一车间	房屋、建筑物	1 058 000	0.20%	2 116.00
	机器设备	2 375 000	0.79%	18 762.50
	电子设备	355 600	1.67%	5 938.52
	小计	3 788 600		26 817.02
二车间	房屋、建筑物	1 043 000	0.20%	2 086.00
	机器设备	1 989 000	0.79%	15 713.10
	电子设备	330 000	1.67%	5 511.00
	小计	3 362 000		23 310.10
装配车间	房屋、建筑物	836 900	0.20%	1 673.80
	机器设备	1 104 000	0.79%	8 721.60
	电子设备	557 600	1.67%	9 311.92
	小计	2 498 500		19 707.32
机修车间	房屋、建筑物	904 100	0.20%	1 808.20
	机器设备	908 000	0.79%	7 173.20
	电子设备	1 230 600	1.67%	20 551.02
	小计	3 042 700		29 532.42
合计		18 265 000		150 291.18

制表人：柏茹

（86）31 日，按应收款项余额的 3%计提坏账准备。

要求：填制坏账准备计算表。

【业务 86】

坏账准备计算表

2019/12/31

项目	金额/元	备注
期初坏账准备余额		
本期转销的坏账准备		
本期收回的坏账		
期末应收款项余额		
坏账准备计提比例	3%	
期末坏账准备调整前余额		
本期应提坏账准备		
实际提取坏账准备		制表：柏茹

（87）31 日，根据证券交易所公布的股票价格信息，安徽惠源电子有限公司持有的交易性金融资产——股票投资的市场价值为 125 000 元。

要求：填制交易性金融资产公允价值变动计算表。

【业务 87】

公允价值变动计算表

2019/12/31　　单位：元

交易性金融资产	账面价值	市场价值	公允价值变动损益	应入科目
股票投资	120 000.00	125 000.00		公允价值变动损益
合计	120 000.00	125 000.00		

（88）31 日，根据本月原材料领料单、退料单，汇总本月原材料、周转材料耗用情况，在各部门、各产品之间进行原材料、周转材料费用的分配。

要求：编制材料发出汇总表。

【业务 88.1】

领料单

出库日期：2019 年 12 月 8 日　　No：001002

领料单位：一车间　　材料用途：生产 CPU　　单位：元

材料类别	材料名称	计量单位	请领数量	实发数量	单价	金额	备注
主要材料	1#芯片	百片	200	200			
	2#芯片	百片	200	200			
	线路板	只	500	500			
合计							

批准人：景方园　　领用部门负责人：雷鸣　　请领人：汪文宾　　发货人：陆嘉

【业务 88.2】

领料单

出库日期：2019 年 12 月 8 日　　No：001003

领料单位：一车间　　材料用途：机物料消耗　　单位：元

材料类别	材料名称	计量单位	请领数量	实发数量	单价	金额	备注
辅助材料	铜丝	千克	150	150			
	电焊条	只	100	100			
合计							

批准人：景方园　　领用部门负责人：雷鸣　　请领人：汪文宾　　发货人：陆嘉

【业务 88.3】

领料单

出库日期：2019 年 12 月 8 日　　No：001004

领料单位：机修车间　　材料用途：修理　　单位：元

材料类别	材料名称	计量单位	请领数量	实发数量	单价	金额	备注
主要材料	钢材	千克	1 000	1 000			
辅助材料	电焊条	只	30	30			
合计							

批准人：景方园　　领用部门负责人：苏小清　　请领人：王嘉宾　　发货人：陆嘉

【业务 88.4】

领料单

出库日期：2019 年 12 月 8 日　　No：001005

领料单位：装配车间　　材料用途：组装接收机　　单位：元

材料类别	材料名称	计量单位	请领数量	实发数量	单价	金额	备注
主要材料	机箱	只	250	250			
	高频器	只	250	250			
合计							

批准人：景方园　　领用部门负责人：方类龙　　请领人：陶倩星　　发货人：陆嘉

【业务 88.5】

领料单

出库日期：2019 年 12 月 10 日　　No：001006

领料单位：装配车间　　材料用途：机物料消耗　　单位：元

材料类别	材料名称	计量单位	请领数量	实发数量	单价	金额	备注
辅助材料	铜丝	千克	20	20			
	电焊条	只	30	30			
主要材料	钢材	千克	500	500			
合计							

批准人：景方园　　领用部门负责人：方类龙　　请领人：陶倩星　　发货人：陆嘉

【业务 88.6】

领料单

出库日期：2019 年 12 月 12 日　　No：001007

领料单位：一车间　　材料用途：机物料消耗　　单位：元

材料类别	材料名称	计量单位	请领数量	实发数量	单价	金额	备注
低值易耗品	生产工具 1#	只	35	35			
	生产工具 2#	只	35	35			
合计							

批准人：景方园　　领用部门负责人：雷鸣　　请领人：汪文宾　　发货人：陆嘉

【业务 88.7】

领料单

出库日期：2019 年 12 月 12 日　　No：001008

领料单位：二车间　　材料用途：机物料消耗　　单位：元

材料类别	材料名称	计量单位	请领数量	实发数量	单价	金额	备注
辅助材料	铜丝	千克	180	180			
	电焊条	只	120	120			
合计							

批准人：景方园　　领用部门负责人：谢中兴　　请领人：叶子　　发货人：陆嘉

【业务 88.8】

领料单

出库日期：2019 年 12 月 15 日　　No：001009

领料单位：装配车间　　材料用途：组装混合器　　单位：元

材料类别	材料名称	计量单位	请领数量	实发数量	单价	金额	备注
主要材料	机箱	只	250	250			
合计							

批准人：景方园　　领用部门负责人：方类龙　　请领人：陶倩星　　发货人：陆嘉

【业务 88.9】

领料单

出库日期：2019 年 12 月 16 日　　No：001010

领料单位：机修车间　　材料用途：修理　　单位：元

材料类别	材料名称	计量单位	请领数量	实发数量	单价	金额	备注
低值易耗品	修理工具 1#	只	50	50			
	修理工具 2#	只	40	40			
合计							

批准人：景方园　　领用部门负责人：苏小清　　请领人：王嘉宾　　发货人：陆嘉

【业务 88.10】

领料单

出库日期：2019 年 12 月 16 日　　No：001011

领料单位：二车间　　材料用途：机物料消耗　　单位：元

材料类别	材料名称	计量单位	请领数量	实发数量	单价	金额	备注
低值易耗品	生产工具 1#	只	35	35			
	生产工具 2#	只	35	35			
合计							

批准人：景方园　　领用部门负责人：谢中兴　　请领人：叶子　　发货人：陆嘉

【业务 88.11】

领料单

出库日期：2019 年 12 月 18 日　　No：001012

领料单位：一车间　　材料用途：生产中频处理器　　单位：元

材料类别	材料名称	计量单位	请领数量	实发数量	单价	金额	备注
主要材料	3#芯片	百片	200	200			
	4#芯片	百片	200	200			
合计							

批准人：景方园　　领用部门负责人：雷鸣　　请领人：汪文宾　　发货人：陆嘉

【业务 88.12】

领料单

出库日期：2019 年 12 月 18 日　　No：001013

领料单位：二车间　　材料用途：生产放大模块　　单位：元

材料类别	材料名称	计量单位	请领数量	实发数量	单价	金额	备注
主要材料	5#芯片	百片	150	150			
	6#芯片	百片	150	150			
合计							

批准人：景方园　　领用部门负责人：谢中兴　　请领人：叶子　　发货人：陆嘉

【业务 88.13】

领料单

日期：2019 年 12 月 18 日　　No：001014

领料单位：二车间　　材料用途：生产耦合器　　单位：元

材料类别	材料名称	计量单位	请领数量	实发数量	单价	金额	备注
主要材料	电感	只	700	700			
	电阻	只	700	700			
合计							

批准人：景方园　　领用部门负责人：谢中兴　　请领人：叶子　　发货人：陆嘉

【业务 88.14】

领料单

出库日期：2019 年 12 月 20 日　　No：001015

领料单位：装配车间　　材料用途：组装接收机　　单位：元

材料类别	材料名称	计量单位	请领数量	实发数量	单价	金额	备注
主要材料	机箱	只	550	550			
	高频器	只	550	550			
合计							

批准人：景方园　　领用部门负责人：方类龙　　请领人：陶倩星　　发货人：陆嘉

【业务 88.15】

领料单

出库日期：2019 年 12 月 20 日　　No：001016

领料单位：装配车间　　材料用途：组装混合器　　单位：元

材料类别	材料名称	计量单位	请领数量	实发数量	单价	金额	备注
主要材料	机箱	只	550	550			
合计							

批准人：景方园　　领用部门负责人：方类龙　　请领人：陶倩星　　发货人：陆嘉

【业务 88.16】

退料单

退库日期：2019 年 12 月 31 日　　No：001013

退料单位：二车间　　材料用途：生产放大模块　　单位：元

材料类别	材料名称	计量单位	退料数量	单价	金额	备注
主要材料	5#芯片	百片	10			
	6#芯片	百片	10			
合计						

批准人：景方园　　退料部门负责人：谢中兴　　请领人：叶子　　发货人：陆嘉

【业务 88.17】

原材料、周转材料发出汇总表

年　　月　　　　单位：元

材料名称	发出材料用途																		合计	
	基本生产成本												制造费用						辅助生产成本			
	CPU		中频处理器		耦合器		放大模块		接收机		混合器		一车间		二车间		装配车间		机修车间			
	数量	金额	数量	金额	数量	金额	数量	金额	数量	金额	数量	金额	数量	金额	数量	金额	数量	金额	数量	金额	数量	金额
合计																						

附单据　　张

负责人：　　　　会计审核：　　　　材料保管员：　　　　复核：

（89）31 日，对投资性房地产进行评估，其公允价值为 530 000 元。

（90）31 日，摊销无形资产，相关单证如下。

【业务 90】

无形资产摊销计算表

2019 年 12 月 31 日

无形资产类别	原始价值/元	摊销期限/月	已摊销月数	本期摊销额/元	应入科目
非专利技术	492 000.00	120	70	4 100.00	制造费用——装配车间
专利技术	145 000.00	120		1 208.33	制造费用——一车间
合计	637 000.00			5 308.33	

（91）31 日，采用成本和可变现净值孰低法对期末存货进行计量，按存货类别计提存货跌价准备，当期发生的存货减值为 10 000 元。

（92）31 日，摊销长期待摊费用。

【业务 92】

长期待摊费用摊销表

2019 年 12 月 31 日　　单位：元

项目	原始金额	期初摊余价值	摊销期限	已摊销期数	本期应摊销额	应入科目
经营租入固定资产改良支出	581 949.20	415 678	7 年	24 个月	6 927.97	管理费用
合计		415 678	7 年	24 个月	6 927.97	

制表人：柏茹

（93）31 日，分配 12 月份辅助生产成本。

要求：填制辅助生产成本分配表。

【业务 93】

辅助生产成本分配表

受益单位	修理工时/小时	分配率/（元/工时）	分配金额/元	应借账户
一车间				制造费用——一车间
二车间				制造费用——二车间
装配车间				制造费用——装配车间
合计				

制表人：陈慧

（94）31 日，分配各车间 12 月份制造费用。
要求：填制制造费用分配表。

【业务 94.1】

一车间制造费用分配表

产品名称	生产工时/小时	分配率/（元/小时）	分配金额/元	应借账户
CPU				生产成本——CPU
中频处理器				生产成本——中频处理器
合计				

制表人：陈慧

【业务 94.2】

二车间制造费用分配表

产品名称	生产工时/小时	分配率/(元/小时)	分配金额/元	应借账户
耦合器				生产成本——耦合器
放大模块				生产成本——放大模块
合计				

制表人：陈慧

【业务 94.3】

装配车间制造费用分配表

产品名称	生产工时/小时	分配率/(元/小时)	分配金额/元	应借账户
接收机				生产成本——接收机
混合器				生产成本——混合器
合计				

制表人：陈慧

（95）31 日，结转 12 月份完工自制半成品成本。
要求：① 填制 CPU、中频处理器、耦合器、放大模块等产品成本计算单。
② 填制自制半成品入库单。

【业务 95.1】

CPU 成本计算单

2019 年 12 月 31 日　　单位：元

成本项目	直接材料	直接人工	制造费用	合计
月初在产品成本				
本期生产费用				
合计				
完工产品数量				
在产品约当产量				
分配率				
完工产品成本				
月末在产品成本				
完工产品单位成本				

制表人：陈慧

【业务 95.2】

中频处理器成本计算单

2019 年 12 月 31 日　　单位：元

成本项目	直接材料	直接人工	制造费用	合计
月初在产品成本				
本期生产费用				
合计				
完工产品数量				
在产品约当产量				
分配率				
完工产品成本				
月末在产品成本				
完工产品单位成本				

制表人：陈慧

【业务 95.3】

耦合器成本计算单

2019 年 12 月 31 日　　单位：元

成本项目	直接材料	直接人工	制造费用	合计
月初在产品成本				
本期生产费用				
合计				
完工产品数量				
在产品约当产量				
分配率				
完工产品成本				
月末在产品成本				
完工产品单位成本				

制表人：陈慧

【业务 95.4】

放大模块成本计算单

2019年12月31日　　　　单位：元

成本项目	直接材料	直接人工	制造费用	合计
月初在产品成本				
本期生产费用				
合计				
完工产品数量				
在产品约当产量				
分配率				
完工产品成本				
月末在产品成本				
完工产品单位成本				

制表人：陈慧

【业务 95.5】

自制半成品入库单

交库单位：　　　　年　　月　　日　　　　仓库：　　　　No：601012

产品名称	规格型号	计量单位	交付数量	检验结果	实收数量	总成本	单位成本

第二联 财务记账

车间负责人：　　　　仓库经办人：　　　　制单：

【业务 95.6】

自制半成品入库单

交库单位：　　　　年　　月　　日　　　　仓库：　　　　No：601013

产品名称	规格型号	计量单位	交付数量	检验结果	实收数量	总成本	单位成本

第二联 财务记账

车间负责人：　　　　仓库经办人：　　　　制单：

（96）31日，根据本月自制半成品领料单汇总本月自制半成品耗用情况；在有关产品之间进行自制半成品费用的分配。

要求：编制自制半成品发出汇总表。

【业务 96.1】

领料单

出库日期：2019 年 12 月 8 日　　No：001017

领料单位：装配车间　　材料用途：组装接收机　　单位：元

材料类别	材料名称	计量单位	请领数量	实发数量	单价	金额	备注
自制半成品	CPU	只	250	250			
	中频处理器	只	250	250			
合计							

批准人：景方园　　领用部门负责人：方类龙　　请领人：陶倩星　　发货人：洪　捷

【业务 96.2】

领料单

出库日期：2019 年 12 月 8 日　　No：001018

领料单位：装配车间　　材料用途：组装混合器　　单位：元

材料类别	材料名称	计量单位	请领数量	实发数量	单价	金额	备注
自制半成品	耦合器	只	250	250			
	放大模块	只	250	250			
合计							

批准人：景方园　　领用部门负责人：方类龙　　请领人：陶倩星　　发货人：洪　捷

【业务 96.3】

领料单

出库日期：2019 年 12 月 20 日　　No：001019

领料单位：装配车间　　材料用途：组装接收机　　单位：元

材料类别	材料名称	计量单位	请领数量	实发数量	单价	金额	备注
自制半成品	CPU	只	550	550			
	中频处理器	只	550	550			
合计							

批准人：景方园　　领用部门负责人：方类龙　　请领人：陶倩星　　发货人：洪　捷

【业务 96.4】

领料单

出库日期：2019 年 12 月 20 日　　单位：元　　No：001020

领料单位：装配车间　　材料用途：组装混合器

材料类别	材料名称	计量单位	请领数量	实发数量	单价	金额	备注
自制半成品	耦合器	只	550	550			
	放大模块	只	550	550			
合计							

批准人：景方园　　领用部门负责人：方类龙　　请领人：陶倩星　　发货人：洪捷

【业务 96.5】

自制半成品发出汇总表

年　月　　NO：6356102　　单位：元

自制半成品名称	发出产品用途								合计	
	基本生产成本				管理费用		销售费用			
	接收机		混合器							
	数量	金额	数量	金额	数量	金额	数量	金额	数量	金额
CPU										
中频处理器										
耦合器										
放大模块										
合计										

附单据　张

负责人：　　会计审核：　　材料保管员：　　复核：

（97）31 日，结转 12 月份完工产成品成本。

要求：① 填制接收机、混合器等产品成本计算单。

② 填制产成品入库单。

【业务 97.1】

接收机成本计算单

2019 年 12 月 31 日　　单位：元

成本项目	自制半成品	直接材料	直接人工	制造费用	合计
月初在产品成本					
本期生产费用					
合计					
完工产品数量					
在产品约当产量					
分配率					
完工产品成本					
月末在产品成本					
完工产品单位成本					

制表人：

【业务 97.2】

混合器成本计算单

2019 年 12 月 31 日　　单位：元

成本项目	自制半成品	直接材料	直接人工	制造费用	合计
月初在产品成本					
本期生产费用					
合计					
完工产品数量					
在产品约当产量					
分配率					
完工产品成本					
月末在产品成本					
完工产品单位成本					

制表人：

【业务 97.3】

产成品入库单

交库单位：　　年　月　日　　仓库：　　No：8101235

产品名称	规格型号	计量单位	交付数量	检验结果	实收数量	总成本/元	单位成本/元

第二联 财务记账

车间负责人：　　仓库经办人：　　制单：

（98）31 日，计算结转 12 月份产品销售成本。

要求：填制接收机、混合器的销售成本计算单。

【业务 98】

产品销售成本计算单

2019 年 12 月 31 日

产品名称	计量单位	销售数量	单位成本/元	金额/元
接收机	台			
混合器	台			
合计				

制表人：柏茹

（99）31 日，计算 12 月份应交增值税，结转至“应交税金——未交增值税”账户。

（100）31 日，计提 12 月份城市维护建设税及教育费附加和地方教育费附加。

要求：填制应交城市维护建设税、教育费附加和地方教育费附加计算单。

【业务 100】

应交城市维护建设税和教育费附加、地方教育费附加计算表

2019 年 12 月 31 日

税费名称	计提依据	税率或征收率/（%）	金额/元	应入科目
城市维护建设税				
教育费附加				
地方教育费附加				
合计				

制表人：柏茹

（101）31 日，结转 12 月份损益类账户。

【业务 101】

损益类账户发生额

2019 年 12 月

账户名称	借方发生额/元	贷方发生额/元
主营业务收入		
其他业务收入		
投资收益		
营业外收入		
公允价值变动损益		
主营业务成本		
其他业务成本		
税金及附加		
管理费用		
销售费用		
财务费用		
资产处置损益		
资产减值损失		
营业外支出		
合计		

（102）31 日，进行纳税调整，计算本月所得税费用。根据 12 月份业务和下列说明进行企业所得税纳税调整。

【业务 102】

所得税计算表

2019 年　　　　单位：元

项目	账面价值	计税基础	可抵扣暂时性差异		应纳税暂时性差异		纳税调整增加额
			期初余额	期末余额	期初余额	期末余额	
罚款及滞纳金							
公益性捐赠支出							
赞助支出							
营业外收入							
研发支出							
业务招待费							
交易性金融资产							
应收款							
存货							
投资收益							
投资性房地产							
无形资产							
福利费							
工会经费							
职工教育经费							
预计负债							
……							
小计							
年度利润总额	应纳税所得额	应交所得税额	递延所得税资产		递延所得税负债		
			本期数	期末余额	本期数	期末余额	
所得税费用							

① 1～11 月，业务招待费支出 50 000 元。

② 1～11 月，营业外收入 35 000 元为政府补助，属不征税收入。

③ 1～11 月，营业外支出 128 635 元，其中非流动资产处置损失 58 000 元，对外公益性捐赠 50 000 元，赞助支出 20 000 元，税收滞纳金 635 元。

④ 1～11 月，利润总额为 2 688 614.1 元，已预缴企业所得税 733 135.95 元（见附录 A）。

递延所得税资产和递延所得税负债均无期初余额，假定本年度与所得税核算有关的暂时性差异为 12 月发生的以下事项：可抵扣暂时性差异为计提的资产减值损失、提取的产品质量保证费用，应纳税暂时性差异为交易性金融资产和投资性房地产公允价值变动。该企业预计将来能够产生足够的应纳税所得额用来抵扣可抵扣暂时性差异（企业所得税年度纳税申报表见表 3.6）。

（103）31 日，结转“所得税费用”账户。

（104）31 日，董事会做出决议，按本年净利润的 10%提取法定盈余公积，按可分配利润的 40%向股东分配利润，款项尚未支付。

要求：填制法定盈余公积和应付利润计算表。

【业务 104】

法定盈余公积、应付利润计算表

2019 年 12 月 31 日

项目	计提基数/元		计提比例	金额/元
法定盈余公积			10%	
应付利润			40%	
合计				

制表：柏茹

（105）将“本年利润”账户余额结转至“利润分配——未分配利润”账户。

（106）将“利润分配”账户其他明细账户的余额转入“未分配利润”明细账户。

任务 2.3 登记账簿实训

一、日记账的登记方法

现金（银行存款）日记账由出纳人员根据审核无误的收款凭证和付款凭证，按经济业务发生的先后顺序逐日逐笔进行登记。现金（银行存款）日记账中的“年、月、日”“凭证号数”“摘要”“对方科目”栏根据收款凭证和付款凭证的内容填写，“收入”栏根据收款凭证登记，“支出”栏根据付款凭证登记。现金日记账应每日结出余额，并与库存现金实有数核对是否相符，做到日清月结。银行存款日记账应定期与银行对账单进行核对，每月至少核对一次。每月月末，本单位银行存款日记账账面余额与银行对账单余额若有差额，应查明原因进行处理，属未达账项造成的，应编制“银行存款余额调节表”，试算调节相符。

二、明细分类账登记

明细分类账其格式一般有下列三种。

（一）“三栏式”明细分类账

“三栏式”明细分类账的基本格式为“借方”“贷方”和“余额”三栏，与总分类账的格式基本相同，适用于只进行金额核算，不需要进行数量核算的账户。如“应收账款”“应付账款”“实收资本”等账户。

三栏式”明细分类账根据记账凭证及所附原始凭证或原始凭证汇总表逐笔登记或定期汇总登记。

（二）“数量金额式”明细分类账

“数量金额式”明细分类账的基本格式为“收入”“发出”和“结存”三栏，每栏再分设“数量”“单价”和“金额”。这类账簿适用于需要从数量和价值两个方面进行核算的财产物资明细账户。如“原材料”“库存商品”“工程物资”等账户。

“数量金额式”明细分类账因“发出”栏单价和金额的确认方法不同，登记方法与其他账簿存在区别。“收入”栏可根据记账凭证及其所附原始凭证如“入库单”逐日逐笔登记收入数量、单价和金额，“发出”栏可根据“领料单”“出库单”等逐日逐笔登记数量，“结存”栏每天结出结存数量。月末按企业选用的存货计价方法计算确定发出、结存存货的单价、金额后填写相应栏次，也可在月末根据“材料（库存商品）收、发、存汇总表”等定期汇总登记。

（三）“多栏式”明细分类账

“多栏式”明细分类账是根据企业经济业务的内容、发生情况及管理需要设置的。在某一总分类账下，“多栏式”明细分类账对属于同一级的明细科目或经济业务的明细项目在账页中设置若干专栏，在一张账页上集中反映其明细科目或明细项目的详细资料。与其他明细分类账不同，“多栏式”明细分类账不按明细科目设置若干账页，而是在一张账页上记录某一会计科目所属的各明细科目的内容。“多栏式”明细分类账适用于在总分类会计科目下分设若干相对固定的明细科目或需要按经济业务明细项目提供详细资料的经济业务。

“多栏式”明细分类账根据记账凭证及有关原始凭证逐笔登记。

三、总分类账的登记方法

会计主体除设置明细分类账外，还必须设置总分类账。由于总分类账只能使用货币作为计量单位，反映各账户金额的增减变化及其结果，所以总分类账一般采用“三栏式”，分为“借方”、“贷方”和“余额”三栏。

总分类账的登记方法因企业所采用的账务处理程序不同而有所区别。企业一般根据科目汇总表或汇总记账凭证定期汇总登记，业务量较少的企业，也可以根据记账凭证逐笔登记。月终结账时，结出各总分类账户的本期发生额和期末余额。安徽惠源电子有限公司采用科目汇总表账务处理程序，总分类账根据科目汇总表定期汇总登记。

四、科目汇总表的编制

1．设立 T 形账户。为汇总期间的记账凭证所涉及的每一个会计科目设立 T 形账户，为方便登记总分类账，应按总分类账账户排列顺序设立 T 形账户，如图 2.1 所示。

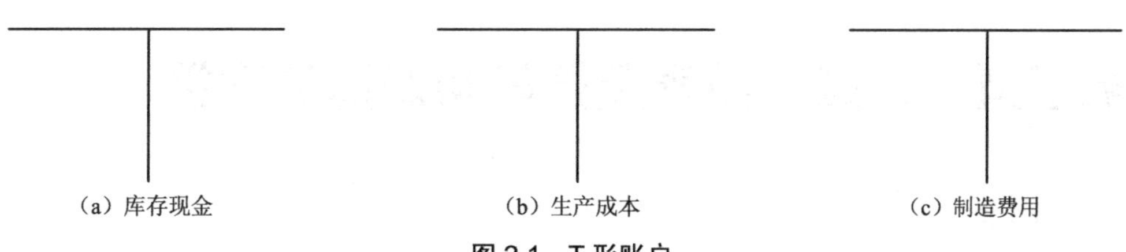

（a）库存现金　　（b）生产成本　　（c）制造费用

图 2.1　T 形账户

2．定期汇总。将汇总期内全部记账凭证的内容过入 T 形账户并汇总某一时期各账户借贷方发生额。在过账时，为了反映账户之间的对应关系及便于查对，应在 T 形账户中标出每一个数字对应的凭证字号，如图 2.2 所示。

(1)　232 800 (8)　14 000 (18)　63 000	(32) 290 000
本期借方发生额： 309 800	本期贷方发生额： 290 000

(a) 生产成本

(3)　2 700 (6)　750 (13) 56 680	(30) 60 130
本期借方发生额： 60 130	本期贷方发生额： 60 130

(b) 制造费用

图 2.2　在 T 形账户中过账、汇总，标出凭证字号

3．试算平衡。将汇总期内全部记账凭证记入 T 形账户后，首先计算每一账户的借方发生额和贷方发生额，然后加总所有账户的借方发生额和贷方发生额，进行发生额试算平衡。如果借、贷方发生额合计数平衡，表明汇总正确，否则须检查过账、加总或记账凭证是否存在错误，查明原因，直至试算平衡。

4．编制科目汇总表。T 形账户发生额试算平衡后，按总分类账账户排列顺序将各账户名称和借、贷方发生额填入科目汇总表，将借、贷方发生额合计数填入科目汇总表的合计栏，并注明科目汇总表的编号（如科汇 1 号）和所汇总凭证的期间，以及所汇总的记账凭证起讫号和凭证张数。

5．制表人签字。科目汇总表编制完成后，制表人应当在表上签上制表人的姓名。

五、登记账簿实训要求

1．审核根据任务 2.2 所给资料填制的会计凭证。

2．根据审核无误的记账凭证，按账簿登记规则登记日记账、明细账，文字、数字的书写应工整、清晰、规范，不得涂改、挖补。记账如有错误，必须按规定的方法进行更正。

3．每一账页登记完毕结转下页时，应当结出本页发生额合计数及余额，写在本页最后一行和下页第一行相应栏内，并在本页和下页摘要栏内注明“过次页”和“承前页”字样；也可以将本页合计数及余额只写在下页第一行有关栏内，并在摘要栏内注明“承前页”字样。

4．2018 年 12 月 15 日、30 日、31 日分别对 1～15 日、16～30 日、31 日的记账凭证进行汇总，编制科目汇总表，根据科目汇总表登记总账。

任务 2.4　对账、结账及凭证和账簿的归档

一、对账

对账主要包括账证核对、账账核对、账实核对三个方面，它们构成一个查错、纠错和防止舞弊的保障体系。

（一）账证核对

账证核对是指将各种账簿记录与记账凭证及其所附原始凭证进行核对，以做到账证相符，其主要内容是核对账簿记录与会计凭证的时间、凭证字号、内容、记账方向、金额是否一致。若发现错误，应在查明原因的基础上，按规定的方法予以更正。

（二）账账核对

账账核对是指对各种账簿之间的有关记录进行核对。账账核对是在账证核对的基础上，检查在记账过程中和在账户中进行有关计算的过程中是否发生差错，以保证记账及有关结算的正确性。账账核对的主要内容包括以下四个方面。

（1）总分类账与总分类账的核对。总分类账各账户本期借方发生额合计应等于总分类账各账户本期贷方发生额合计，总分类账各账户本期借方余额合计应等于总分类账各账户本期贷方余额合计。

（2）总分类账与明细分类账的核对。各总分类账户的期初余额、本期借方发生额、本期贷方发生额和期末余额应与所属明细分类账户的期初余额合计数、本期借方发生额合计数、本期贷方发生额合计数和期末余额合计数核对相符。

（3）总分类账与日记账的核对。现金日记账、银行存款日记账的期初余额、本期借方发生额、本期贷方发生额和期末余额应与现金总分类账、银行存款总分类账相应项目的数字核对相符。

（4）会计账与保管账、实物账的核对。会计部门实物资产明细分类账簿期末结存数量和金额应与实物资产保管、使用部门的实物账的期末结存数量和金额核对相符。

（三）账实核对

账实核对是指账簿记录与货币资产、各项财产物资实际结存数之间的核对。账实核对一般要通过财产清查进行，其内容主要包括以下四个方面。

（1）现金日记账余额与库存现金核对相符。

（2）银行存款日记账与银行对账单核对相符。

（3）各种应收、应付款项明细账期末余额，应与有关债权、债务单位或个人核对相符；一般通过编制往来款项对账单送交对方进行核对。

（4）各财产物资明细分类账余额应与各种财产物资清查盘点的实际结存数核对相符。

（四）对账实训要求

（1）期末，将登记完成的日记账、明细账与记账凭证核对相符。

（2）期末，现金、银行存款日记账与现金、银行存款总分类账核对相符。

（3）期末，将银行对账单（见表 2.12）与银行存款日记账核对，查找出未达账项，编制银行存款余额调节表（见表 2.13）。

（4）期末，各总账与其所属明细账核对相符。

（5）试算平衡，进行总分类账与总分类账之间的核对。

（6）对账相符后，可以进行结账工作，如对账过程中发现存在不符现象，应查明原因，按规定方法更正。

表 2.12　光大银行银行对账单　　单位：元

2019 年		结算凭证		摘　要	借　方	贷　方	余　额
月	日	种类	号数				
12	21						2 935 737.36
	21	委收	#3310	水费	23 861.90		2 911 875.46
	22			借款利息	2 500.00		2 909 375.46
	22			手续费	255.50		2 909 119.96
	24	现支	#4362	提现	4 500.00		2 904 619.96
	24	委收	#3312	印花税	652.50		2 903 967.46
	24	收款通知		利息收入		1 157.32	2 905 124.78
	25	委收	#6318	工会经费	1 100.00		2 904 024.78
	27	转支	#5214	材料费	300 139.26		2 603 885.52
	28	汇票	#3765	收回银行汇票多余款		10 050.00	2 613 935.52
	29	转支	#6331	向希望工程捐款	20 000.00		2 593 935.52
	29	转支	#5215	支付技术开发费	61 480.00		2 532 455.52
	30	付款通知		借款利息	6 000.00		2 526 455.52
	30	进账单		广利公司房租		25 000.00	2 551 455.52
	31	电汇	#4083	收回欠款		20 000.00	2 571 455.52
	31	月末余额					2 571 455.52

表 2.13　银行存款余额调节表

2019 年 12 月 31 日　　单位：元

项　目	金　额	项　目	金　额
企业银行存款日记账余额		银行对账单余额	
加：银行已收，企业未收的款项		加：企业已收，银行未收的款项	
减：银行已付，企业未付的款项		减：企业已付，银行未付的款项	
调节后的存款余额		调节后的存款余额	

二、结账

结账的主要内容包括：一是对损益类账户进行结账，揭示企业的经营成果；二是对资产类、负债类、所有者权益类账户进行结账，分别结出各总分类账户和明细分类账户的本期发生额和期末余额，并将期末余额结转为下期的期初余额。

结账分月结、季结、年结三种。

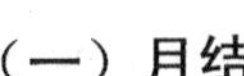

（一）月结

月结是在月末结计出各账户的本月发生额和月末余额。月结时，在账户中本月最后一笔记录下面一行计算各账户的本月发生额合计及期末余额，分别记入借方、贷方和余额栏内，并在该行下画一道通栏单红线（自摘要栏开始至金额栏分位止），以与下期的记录相区别。

（二）季结

季结是在每季度的季末，结计出本季度三个月的发生额累计数和本季末余额。季结应在本季度第三个月的月结下面一行进行，在摘要栏中注明“本季累计”或“本季发生额及余额”字样，结出本季发生额和余额，并在该行下画一道通栏单红线。

（三）年结

年结是在年末结计出全年 12 个月的发生额累计数和年末余额。年结应在第四季度季结下面一行进行，在摘要栏中注明“本年累计”或“本年发生额及余额”字样，结计出本年发生额和年末余额，并在该行下画通栏双红线。

年度终了，要把各账户的余额结转到下一会计年度。结转方法是：在本年度结计“本年累计”或“本年发生额及余额”的次行摘要栏注明“结转下年”字样，并将余额直接抄录到下一会计年度新建会计账簿相应账户第一行余额栏内。

（四）结账实训要求

（1）在对账相符的基础上，对实训中登记的日记账、明细账、总账进行 12 月份月结。

（2）选择一部分账簿，进行四季度季结和年结。

三、凭证和账簿的归档

（一）会计凭证整理、装订方法

会计凭证归档时应选择合适的凭证盒，凭证盒上要标明会计凭证所属的会计期间、会计主体名称、凭证的起讫号、案卷号和保管期限。由于原始凭证大小不一致，应该进行折叠和粘贴。对于比记账凭证长或宽的原始凭证应折叠成与记账凭证一样长或宽。折叠时，原始凭证左下角或右上角应进行斜折后再折叠，以免原始凭证的左下角或右上角被装订，使原始凭证不能打开，影响查阅。对于比记账凭证小得多的原始凭证，应先用与记账凭证一样大小的原始凭证粘贴单进行粘贴，粘贴时，应该均匀分布，以不影响装订后查阅为宜，避免集中叠加在一起，影响装订。这样装订后的记账凭证和原始凭证整齐划一，看起来很美观。对面积大或数量多的原始凭证如出入库单据、收费发票等，可以不附在记账凭证后而单独装订，但应在其封面上注明记账凭证的日期、编号，同时在记账凭证上注明“附件另订”和原始凭证名称、保管地点等。

会计凭证应按月及时装订成册。装订记账凭证一般采用“顶齐左上角法”，即将记账凭证及所附原始凭证顶齐左上角后装订。装订时会计凭证应按凭证序号排列，核对所附原始凭证无误后，加具本册所含的科目汇总表，选择与记账凭证大小一致或比记账凭证稍大的记账凭证封面、封底；整理整齐（以左、上平整，右、下折叠整齐为准），用夹子夹紧，加上包角，然后在左上角呈等腰直角三角形形状打三个孔，用装订线穿孔、系牢，将余线剪去，再将包角返后粘牢。装订完成后，装订人在封面包角骑缝处加盖个人名章，并在封面上注明单位名称、凭证名称、凭证册数、起止号数、年度、月份和会计主管人员、装订人员姓名等内容。

凭证装订以月为单位，每月装订成一册或若干册。一个月的记账凭证装订成几册，应视凭证的数量多少而定，一般而言，每册记账凭证的厚薄应基本一致；凭证既可定期装订，也可不定期装订。对于装订成册的会计凭证，为方便查阅，在年度终了时可暂由会计机构保管一年，期满后应移交本单位档案机构统一保管。单位未设立档案机构的，应当在会计机构内部指定专人保管。出纳人员不得兼管会计档案的保管。

（二）账簿归档

年度终了，按规定的程序结账、过账后，除按规定可以跨年度使用的账簿以外，所有会计账簿都要经过整理，装订归档。总账、现金日记账和银行存款日记账采用的是订本式账簿，可以直接归档；各种明细账采用的是活页式账簿，年度终了后，应抽出空白账页，将已用账页按顺序编号，去掉账夹，填制一份账户目录，然后加具账簿封面、封底，沿左侧打孔装订后，由经管人员加盖骑缝章后进行归档，妥善存放，专人保管，以便日后查阅。

（三）实训要求

（1）按规定方法装订凭证，本次实训凭证装订为三本。

（2）填写凭证封面并编号。

（3）各种明细账按账页顺序连续编号，并加具封面、扉页、账户目录和封底。

模块 3
编制会计报表

任务 3.1 编制资产负债表、利润表和现金流量表

一、编制资产负债表

资产负债表（见表 3.1）各项目均须填列“年初余额”和“期末余额”两栏。

（一）资产负债表“年初余额”栏的填列方法

“年初余额”栏内各项数字，应根据上年末资产负债表的“期末余额”栏内所列数字填列。如果上年度资产负债表规定的各项目的名称和内容同本年度不一致，应对上年末资产负债表各项目的名称和数字按照本年度的规定进行调整，填入表中“年初余额”栏内。

（二）资产负债表“期末余额”栏的填列方法

（1）根据总账科目余额直接填列。若资产负债表中项目反映的内容与总账科目反映的内容一致，可直接根据有关总账科目的余额填列，如“短期借款”“应付职工薪酬”“资本公积”“盈余公积”等项目。

（2）根据总账科目余额计算填列。如“货币资金”项目，需要根据库存现金、银行存款、其他货币资金三个总账科目的期末余额合计数填列；“未分配利润”项目，反映企业尚未分配的利润，需要根据本年利润和利润分配科目的期末余额计算填列。年终时，可根据利润分配科目的期末余额直接填列。

（3）根据总账科目和明细账科目余额分析计算填列。这类项目包括资产类的“一年内到期的非流动资产”项目和负债类的“一年内到期的非流动负债”项目。应根据“持有至到期投资”“长期应收款”“长期借款”“固定资产”“应付债券”“长期应付款”项目总账和明细账余额分析计算填列。

（4）根据有关科目余额减去其备抵科目余额后的净额填列。这类项目包括“应收账款”“其他应收款”“长期股权投资”“固定资产”无形资产”等项目。如“应收账款”项目应根据“应收账款”科目的期末余额减去坏账准备备抵科目余额后的净额填列。“固定资产”项目，应当根据“固定资产”科目的期末余额减去累计折旧、固定资产减值准备备抵科目余额后的净额填列等。

表 3.1　资产负债表

会企 01 表

编制单位：安徽惠源电子有限公司　　2019 年 12 月 31 日　　单位：元

资　产	期末余额	年初余额	负债和所有者权益（或股东权益）	期末余额	年初余额
流动资产：			流动负债：		
货币资金			短期借款		
交易性金融资产			交易性金融负债		
衍生金融资产			衍生金融负债		
应收票据			应付票据		
应收账款			应付账款		
应收款项融资			预收款项		
预付款项			合同负债		
其他应收款			应付职工薪酬		
存货			应交税费		
合同资产			其他应付款		
持有待售资产			持有待售负债		
一年内到期的非流动资产			一年内到期的非流动负债		
其他流动资产			其他流动负债		
流动资产合计			流动负债合计		
非流动资产：			非流动负债：		
债权投资			长期借款		
其他债权投资			应付债券		
长期应收款			其中：优先股		
长期股权投资			永续债		
其他权益工具投资			租赁负债		
其他非流动金融资产			长期应付款		
投资性房地产			预计负债		
固定资产			递延收益		
在建工程			递延所得税负债		
生产性生物资产			其他非流动负债		
油气资产			非流动负债合计		
使用权资产			负债合计		
无形资产			所有者权益（或股东权益）：		
开发支出			实收资本（或股本）		
商誉			其他权益工具		
长期待摊费用			其中：优先股		
递延所得税资产			永续债		
其他非流动资产			资本公积		
非流动资产合计			减：库存股		
			其他综合收益		
			专项储备		
			盈余公积		
			未分配利润		
			所有者权益（或股东权益）合计		
资产总计			负债和所有者权益（或股东权益）总计		

（5）综合运用第二、第四种方法分析填列。如资产负债表中的“存货”项目，需要根据“原材料”“库存商品”“委托加工物资”“周转材料”“材料采购”“在途物资”“发出商品”“生产成本”“材料成本差异”等总账科目期末余额分析汇总，再减去“存货跌价准备”科目余额后的净额填列。

二、编制利润表

利润表（见表 3.2）“本期金额”栏反映各项目的本期实际发生额，应根据本期损益类账户的实际发生额分析填列。利润表“上期金额”栏内各项数字，应根据上年该期利润表“本期金额”栏内所列数字填列，如果上年度利润表各项目名称及内容与本年度不一致，应对上年度利润表各项目的名称和数字按本年利润表的规定进行调整，填入利润表的“上期金额”栏内。

报表中“本期金额”栏各项目的内容除“基本每股收益”和“稀释每股收益”项目外，应当按照各损益类账户的发生额分析填列。

（1）“营业收入”项目，反映企业销售商品、提供劳务等经营业务取得的收入总额，应根据“主营业务收入”“其他业务收入”账户的发生额分析填列。

（2）“营业成本”项目，反映企业销售商品、提供劳务等经营业务发生的实际成本，应根据“主营业务成本”“其他业务成本”账户的发生额分析填列。

（3）“税金及附加”“销售费用”“财务费用”“资产减值损失”“营业外收入”“营业外支出”和“所得税费用”等其他各项目均按照相应账户的发生额分析填列。

（4）“管理费用”和“研发费用”项目，“管理费用”项目应扣除“研发费用”后根据发生额分析填列；“研发费用”项目应根据“管理费用”科目下的“研发费用”科目的发生额分析填列。

（5）“公允价值变动收益”“投资收益”项目均按照相应账户的发生额分析填列，如果是净损失以“-”号填列。

（6）“营业利润”项目根据“营业利润=营业外收入-营业成本-税金及附加-销售费用-管理费用-财务费用-资产减值损失+公允价值变动收益+投资收益”计算填列。如为亏损，以“-”号填列。

（7）“利润总额”项目根据“利润总额=营业利润+营业外收入-营业外支出”计算填列。如为亏损，以“-”号填列。

（8）“净利润”项目根据“净利润=利润总额-所得税费用”计算填列。如为亏损，以“-”号填列。

（9）“其他综合收益的税后净额”项目填列企业根据会计准则规定未在当期损益中确认的各项利得和损失。

（10）“综合收益总额”项目反映净利润和其他综合收益扣除所得税影响后的净额相加后的合计金额。

表 3.2　利润表

会企 02 表

编制单位：安徽惠源电子有限公司　　年　月　　单位：元

项　　目	本期金额	上期金额
一、营业收入		
减：营业成本		
税金及附加		
销售费用		
管理费用		
研发支出		
财务费用		
其中：利息支出		
利息收入		
加：其他收益		
投资收益（损失以“-”号填列）		
其中：对联营企业和合营企业的投资收益		
公允价值变动收益（损失以“-”号填列）		
信用减值损失		
资产减值损失		
资产处置收益（损失以“-”号填列）		
二、营业利润（亏损以“-”号填列）		
加：营业外收入		
减：营业外支出		
其中：非流动资产处置损失		
三、利润总额（亏损总额以“-”号填列）		
减：所得税费用		
四、净利润（净亏损以“-”号填列）		
（一）持续经营净利润（净亏损以“-”号填列）		
（二）终止经营净利润（净亏损以“-”号填列）		
五、其他综合收益的税后净额		
（一）不能重分类进损益的其他综合收益		
其中：1. 重新计量设定受益计划变动额		
2. 权益法下不能转损益的其他综合收益		
3. 其他权益工具投资公允价值变动		
4. 企业自身信用风险公允价值变动		
……		
（二）将重分类进损益的其他综合收益		
其中：1. 权益法下可转损益的其他综合收益		
2. 其他债权投资公允价值变动		
3. 金融资产重分类计入其他综合收益的金额		
4. 其他债权投资信用减值准备		
5. 现金流量套期准备		
6. 外币财务报表折算差额		
……		
六、综合收益总额		
七、每股收益：		
（一）基本每股收益		
（二）稀释每股收益		

三、编制现金流量表

现金流量表，如表 3.3 所示，其各项目填列方法如下所述。

表 3.3　现金流量表

编制单位：　　　　　　　　　　　　年　月　　　　　　　　　　　　单位：元

项　目	本期金额	上期金额
一、经营活动产生的现金流量：		
销售商品、提供劳务收到的现金		
收到的税费返还		
收到其他与经营活动有关的现金		
经营活动现金流入小计		
购买商品、接受劳务支付的现金		
支付给职工以及为职工支付的现金		
支付的各项税费		
支付其他与经营活动有关的现金		
经营活动现金流出小计		
经营活动产生的现金流量净额		
二、投资活动产生的现金流量：		
收回投资收到的现金		
取得投资收益收到的现金		
处置固定资产、无形资产和其他长期资产收回的现金净额		
处置子公司及其他营业单位收到的现金净额		
收到其他与投资活动有关的现金		
投资活动现金流入小计		
购建固定资产、无形资产和其他长期资产支付的现金		
投资支付的现金		
取得子公司及其他营业单位支付的现金净额		
支付其他与投资活动有关的现金		
投资活动现金流出小计		
投资活动产生的现金流量净额		
三、筹资活动产生的现金流量：		
吸收投资收到的现金		
取得借款收到的现金		
收到其他与筹资活动有关的现金		
筹资活动现金流入小计		
偿还债务支付的现金		
分配股利、利润或偿付利息支付的现金		
支付其他与筹资活动有关的现金		
筹资活动现金流出小计		
筹资活动产生的现金流量净额		
四、汇率变动对现金及现金等价物的影响		
五、现金及现金等价物净增加额		
加：期初现金及现金等价物余额		
六、期末现金及现金等价物余额		

（一）"经营活动产生的现金流量"的填列

1."销售商品、提供劳务收到的现金"项目

本项目可根据"主营业务收入""其他业务收入""应收账款""应收票据""预收账款""库存现金""银行存款"等账户分析填列。

2."收到的税费返还"项目

该项目反映企业收到返还的各种税费。本项目可以根据"库存现金""银行存款""应交税费""税金及附加"等账户分析填列。

3."收到其他与经营活动有关的现金"项目

本项目反映企业除了上述各项目外收到的其他与经营活动有关的现金，如罚款收入、流动资产损失中由个人赔偿的现金收入等。本项目可根据"营业外收入""库存现金""银行存款""其他应收款"等账户分析填列。

4."购买商品、接受劳务支付的现金"项目

本项目可根据"应付账款""应付票据""预付账款""库存现金""银行存款""主营业务成本""其他业务成本""存货"等账户的记录分析填列。

5."支付给职工及为职工支付的现金"项目

本项目反映企业实际支付给职工，以及为职工支付的工资、奖金、各种津贴和补贴等（含为职工支付的养老、失业等各种保险和其他福利费用）。本项目可根据"库存现金""银行存款""应付职工薪酬""生产成本"等账户分析填列。

6."支付的各项税费"项目

本项目反映的是企业按规定支付的各项税费和有关费用。本项目应根据"应交税费""库存现金""银行存款"等账户分析填列。

7."支付其他与经营活动有关的现金"项目

本项目反映企业除上述各项目外，支付的其他与经营活动有关的现金，包括罚款支出、差旅费、业务招待费、保险费支出、支付的离退休人员的各项费用等。本项目应根据"管理费用""销售费用""营业外支出"等账户分析填列。

（二）"投资活动产生的现金流量"填列

1."收回投资所收到的现金"项目

本项目反映企业出售、转让和到期收回的除现金等价物外的交易性金融资产、长期股权投资而收到的现金，以及收回持有至到期投资本金而收到的现金，不包括持有至到期投资收回的利息及收回的非现金资产。本项目应根据"交易性金融资产""长期股权投资""库存现金""银行存款"等账户分析填列。

2."取得投资收益收到的现金"项目

本项目反映企业因股权性投资而分得的现金股利和分回利润所收到的现金，以及债权

性投资取得的现金利息收入。本项目应根据“投资收益”“库存现金”“银行存款”等账户分析填列。

3.“处置固定资产、无形资产和其他长期资产所收回的现金净额”项目

本项目反映处置上述各项长期资产所取得的现金，减去为处置这些资产所支付的有关费用后的净额。本项目可根据“固定资产清理”“库存现金”“银行存款”等账户分析填列。

4.“收到其他与投资活动有关的现金”项目

本项目反映除上述各项目外，收到的其他与投资活动有关的现金。应根据“库存现金”“银行存款”和其他有关账户分析填列。

5.“购建固定资产、无形资产和其他长期资产支付的现金”项目

本项目反映企业购买、建造固定资产，取得无形资产和其他长期资产所支付的现金。其中企业为购建固定资产支付的现金，包括购买固定资产支付的价款现金及增值税款、固定资产购建支付的现金。本项目应根据“固定资产”“无形资产”“在建工程”“库存现金”“银行存款”等账户分析填列。

6.“投资支付的现金”项目

本项目反映企业在现金等价物以外进行交易性金融资产、长期股权投资、持有至到期投资所实际支付的现金，包括所支付的佣金手续费现金。本项目应根据“交易性金融资产”“长期股权投资”“持有至到期投资”“库存现金”“银行存款”等账户分析填列。

7.“支付其他与投资活动有关的现金”项目

本项目反映企业除了上述各项外，支付的与投资活动有关的现金，包括企业购买股票和债券时，实际支付价款中包含的已宣告尚未领取的现金股利或已到付息期但尚未领取的债券利息等。本项目应根据“库存现金”“银行存款”“应收股利”“应收利息”等账户分析填列。

（三）“筹资活动产生的现金流量”的填列

1.“吸收投资收到的现金”项目

本项目反映企业收到投资者投入的现金，包括以发行股票、债券等方式筹集资金实际收到的款项净额。本项目可根据“实收资本（或股本）”“应付债券”“库存现金”“银行存款”等账户分析填列。

2.“取得借款收到的现金”项目

本项目反映企业举借各种短期借款、长期借款而收到的现金。本项目可根据“短期借款”“长期借款”“银行存款”等账户分析填列。

3.“收到其他与筹资活动有关的现金”项目

本项目反映企业除上述各项外，收到的其他与筹资活动有关的现金。本项目应根据“库存现金”“银行存款”和其他有关账户分析填列。

4.“偿还债务支付的现金”项目

本项目反映企业以现金偿还债务的本金，包括偿还金融机构的借款本金、偿还到期的债券本金等。本项目可根据“短期借款”“长期借款”“应付债券”“库存现金”“银行存款”等账户分析填列。

5.“分配股利、利润或偿还利息支付的现金”项目

本项目反映企业实际支付的现金股利、支付给投资人的利润或用现金支付的借款利息、债券利息等。本项目可根据“应付股利（或应付利润）”“财务费用”“长期借款”“应付债券”“库存现金”“银行存款”等账户分析填列。

6.“支付其他与筹资活动有关的现金”项目

本项目反映除了上述各项目外，支付的与筹资活动有关的现金。例如，发行股票债券所支付的审计、咨询等费用。该项目可根据“库存现金”“银行存款”和其他有关账户分析填列。

（四）“汇率变动对现金及现金等价物的影响”的填列

本项目反映企业外币现金流量发生日所采用的汇率与期末汇率的差额对现金的影响数额。

（五）现金及现金等价物净增加额”的填列

“现金及现金等价物净增加额”是将本表中“经营活动产生的现金流量”、“投资活动产生的现金流量”、“筹资活动产生的现金流量”和“汇率变动对现金及现金等价物的影响”四个项目的净额相加得出的。

（六）“期末现金及现金等价物余额”的填列

本项目是将计算出来的现金及现金等价物净增加额加上期初现金及现金等价物金额求得的。它应该与企业期末的全部货币资金与现金等价物的合计余额相等。

任务 3.2 编制纳税申报表

根据任务 2.2 企业发生的经济业务和相关账簿、报表资料，填制地方税纳税申报表（见表 3.4）、增值税纳税申报表（见表 3.5）和企业所得税纳税申报表（见表 3.6）。

表 3.4 地方税纳税申报表

城建税、教育费附加、地方教育附加税（费）申报表

纳税人识别号： 所属日期：20 年 月 日 至 20 年 月 日

纳税人名称： 填报日期：20 年 月 日 单位：元

<table>
<tr><td colspan="2" rowspan="3">纳税人信息</td><td colspan="2">登记注册类型</td><td colspan="3"></td><td>登记类型</td><td colspan="4"></td></tr>
<tr><td colspan="2">身份证件类型</td><td colspan="3"></td><td>所属行业</td><td colspan="4"></td></tr>
<tr><td colspan="2">身份证件号码</td><td colspan="3"></td><td>联系方式</td><td colspan="4"></td></tr>
<tr><td rowspan="4">征收项目</td><td rowspan="4">征收品目</td><td colspan="4">计税（费）依据</td><td rowspan="3">税率（征收率）</td><td rowspan="3">本期应纳税（费）额</td><td colspan="2">本期减免税（费）额</td><td rowspan="3">本期已缴税（费）额</td><td rowspan="3">本期应补（退）税（费）额</td></tr>
<tr><td colspan="2">增值税</td><td rowspan="2">消费税</td><td rowspan="2">合计</td><td rowspan="2">减免性质代码</td><td rowspan="2">减免额</td></tr>
<tr><td>一般增值税</td><td>免抵税额</td></tr>
<tr><td>1</td><td>2</td><td>3</td><td>4=1+2+3</td><td>5</td><td>6=4×5</td><td>7</td><td>8</td><td>9</td><td>10=6-8-9</td></tr>
<tr><td>10109 城市维护建设税</td><td>101090101 市区（增值税附征）</td><td></td><td></td><td></td><td></td><td></td><td></td><td></td><td></td><td></td><td></td></tr>
<tr><td rowspan="4">征收项目</td><td rowspan="4">征收品目</td><td colspan="4">计税（费）依据</td><td rowspan="3">税率（征收率）</td><td rowspan="3">本期应纳税（费）额</td><td colspan="2">本期减免税（费）额</td><td rowspan="3">本期已缴税（费）额</td><td rowspan="3">本期应补（退）税（费）额</td></tr>
<tr><td colspan="2">增值税</td><td rowspan="2">消费税</td><td rowspan="2">合计</td><td rowspan="2">减免性质代码</td><td rowspan="2">减免额</td></tr>
<tr><td>一般增值税</td><td>免抵税额</td></tr>
<tr><td>1</td><td>2</td><td>3</td><td>4=1+2+3</td><td>5</td><td>6=4×5</td><td>7</td><td>8</td><td>9</td><td>10=6-8-9</td></tr>
<tr><td>30203 教育费附加</td><td>302030100 增值税教育费附加</td><td></td><td></td><td></td><td></td><td></td><td></td><td></td><td></td><td></td><td></td></tr>
<tr><td>30216 地方教育附加</td><td>302160100 增值税地方教育附加</td><td></td><td></td><td></td><td></td><td></td><td></td><td></td><td></td><td></td><td></td></tr>
<tr><td>合计</td><td>—</td><td></td><td></td><td></td><td></td><td></td><td></td><td></td><td></td><td></td><td></td></tr>
</table>

表 3.5　增值税纳税申报表

（适用于增值税一般纳税人）

根据国家税收法律法规及增值税相关规定制定本表。纳税人不论有无销售额，均应按税务机关核定的纳税期限填写本表，并向当地税务机关申报。

税款所属时间：自 20　年　月　日　至　20　年　月　日　　填表日期：20　年　月　日　　金额单位：元至角分

纳税人识别号：　　　　　　　　　　　　　　　　所属行业：

纳税人名称	（公章）	法定代表人姓名		注册地址		生产经营地址	
开户银行及账号		登记注册类型				电话号码	

	项　目	栏　次	一般项目		即征即退项目	
			本月数	本年累计	本月数	本年累计
销售额	（一）按适用税率征税销售额	1				
	其中：应税货物销售额	2				
	应税劳务销售额	3				
	纳税检查调整的销售额	4				
	（二）按简易征收办法征税销售额	5				
	其中：纳税检查调整的销售额	6				
	（三）免、抵、退办法出口销售额	7				
	（四）免税销售额	8				
	其中：免税货物销售额	9				
	免税劳务销售额	10				
税款计算	销项税额	11				
	进项税额	12				
	上期留抵税额	13				
	进项税额转出	14				
	免、抵、退应退税额	15				
税款计算	按适用税率计算的纳税检查应补缴税额	16				
	应抵扣税额合计	17=12+13-14-15+16				
	实际抵扣税额	18（如 17<11，则为 17，否则为 11）				
	应纳税额	19=11-18				
税款计算	期末留抵税额	20=17-18				
	简易征收办法计算的应纳税额	21				
	按简易征收办法计算的纳税检查应补缴税额	22				
	应纳税额减征额	23				
	应纳税额合计	24=19+21-23				

续表

<table>
<tr><th colspan="2" rowspan="2">项　　目</th><th rowspan="2">栏　　次</th><th colspan="2">一般项目</th><th colspan="2">即征即退项目</th></tr>
<tr><th>本月数</th><th>本年累计</th><th>本月数</th><th>本年累计</th></tr>
<tr><td rowspan="3">税款缴纳</td><td>期初未缴税额（多缴为负数）</td><td>25</td><td></td><td></td><td></td><td></td></tr>
<tr><td>实收出口开具专用缴款书退税额</td><td>26</td><td></td><td></td><td></td><td></td></tr>
<tr><td>本期已缴税额</td><td>27=28+29+30+31</td><td></td><td></td><td></td><td></td></tr>
<tr><td rowspan="11">税款缴纳</td><td>① 分次预缴税额</td><td>28</td><td></td><td></td><td></td><td></td></tr>
<tr><td>② 出口开具专用缴款书预缴税额</td><td>29</td><td></td><td></td><td></td><td></td></tr>
<tr><td>③ 本期缴纳上期应纳税额</td><td>30</td><td></td><td></td><td></td><td></td></tr>
<tr><td>④ 本期缴纳欠缴税额</td><td>31</td><td></td><td></td><td></td><td></td></tr>
<tr><td>期末未缴税额（多缴为负数）</td><td>32=24+25+26−27</td><td></td><td></td><td></td><td></td></tr>
<tr><td>其中：欠缴税额（≥0）</td><td>33=25+26−27</td><td></td><td></td><td></td><td></td></tr>
<tr><td>本期应补（退）税额</td><td>34＝24−28−29</td><td></td><td></td><td></td><td></td></tr>
<tr><td>即征即退实际退税额</td><td>35</td><td></td><td></td><td></td><td></td></tr>
<tr><td>期初未缴查补税额</td><td>36</td><td></td><td></td><td></td><td></td></tr>
<tr><td>本期入库查补税额</td><td>37</td><td></td><td></td><td></td><td></td></tr>
<tr><td>期末未缴查补税额</td><td>38=16+22+36−37</td><td></td><td></td><td></td><td></td></tr>
<tr><td>授权声明</td><td colspan="2">如果你已委托代理人申报，请填写下列资料：
为代理一切税务事宜，现授权
（地址）　　　　　为本纳税人的代理申报人，任何与本申报表有关的往来文件，都可寄予此人。
授权人签字：</td><td>申报人声明</td><td colspan="3">此纳税申报表是根据《中华人民共和国增值税暂行条例》的规定填报的，我确认它是真实的、可靠的、完整的。
声明人签字：</td></tr>
</table>

主管税务机关：　　　　　　　　　　接收人：　　　　　　　　接收日期：

表 3.6　中华人民共和国企业所得税年度纳税申报表（A 类）

税款所属期间　　年　月　日至　　年　月　日

纳税人识别号

纳税人名称　　　　　　　　　　　　　　　　　　　　　　　金额单位：元（列至角分）

行次	类别	项　目	金　额
1	利润总额计算	一、营业收入（填写 A101010\101020\103000）	
2		减：营业成本（填写 A102010\102020\103000）	
3		税金及附加	
4		销售费用（填写 A104000）	
5		管理费用（填写 A104000）	
6		财务费用（填写 A104000）	
7		资产减值损失	
8		加：公允价值变动收益	
9		投资收益	
10		二、营业利润（1-2-3-4-5-6-7+8+9）	
11		加：营业外收入（填写 A101010\101020\103000）	
12		减：营业外支出（填写 A102010\102020\103000）	
13		三、利润总额（10+11-12）	
14	应纳税所得额计算	减：境外所得（填写 A108010）	
15		加：纳税调整增加额（填写 A105000）	
16		减：纳税调整减少额（填写 A105000）	
17		减：免税、减计收入及加计扣除（填写 A107010）	
18		加：境外应税所得弥补境内亏损（填写 A108000）	
19		四、纳税调整后所得（13-14+15-16-17+18）	
20		减：所得减免（填写 A107020）	
21		减：弥补以前年度亏损（填写 A106000）	
22		减：抵扣应纳税所得额（填写 A107030）	
23		五、应纳税所得额（19-20-21-22）	
24	应纳税额计算	税率（25%）	
25		六、应纳所得税额（23×24）	
26		减：减免所得税额（填写 A107040）	
27		减：抵免所得税额（填写 A107050）	
28		七、应纳税额（25-26-27）	
29		加：境外所得应纳所得税额（填写 A108000）	
30		减：境外所得抵免所得税额（填写 A108000）	
31		八、实际应纳所得税额（28+20-30）	
32		减:本年累计实际已预缴的所得税额	
33		九、本年应补（退）的所得税额（31-32）	
34		其中：总机构分摊本年应补（退）所得税额（填写 A109000）	
35		财政集中分配本年应补（退）所得税额（填写 A109000）	
36		总机构主体生产经营部门分摊本年应补（退）所得税额（填写 A109000）	
附列		以前年度多缴的所得税额在本年抵减额	
资料		以前年度应缴未缴在本年入库所得税额	

附录

报表资料

表 A.1　2018 年 12 月 31 日资产负债表

资产负债表

会企 01 表

编制单位：安徽惠源电子有限公司　　　　2018 年 12 月 31 日　　　　单位：元

资　　产	期末余额	年初余额	负债和所有者权益（或股东权益）	期末余额	年初余额
流动资产：			流动负债：		
货币资金	2 103 675.05		短期借款	400 000.00	
交易性金融资产	120 000.00		交易性金融负债		
衍生金融资产			衍生金融负债		
应收票据	552 600.00		应付票据	502 310.00	
应收账款	922 870.00		应付账款	671 158.14	
应收款项融资			预收款项		
预付款项			合同负债		
其他应收款	28 175.75		应付职工薪酬	245 347.55	
存货	1 379 230.00		应交税费	301 941.44	
合同资产			其他应付款	105 386.22	
持有待售资产			持有待售负债		
一年内到期的非流动资产			一年内到期的非流动负债		
其他流动资产			其他流动负债		
流动资产合计	5 106 550.80		流动负债合计	2 226 143.35	
非流动资产：			非流动负债：		
债权投资			长期借款	800 000.00	
其他债权投资			应付债券		
长期应收款			其中：优先股		
长期股权投资	475 000.00		永续债		
其他权益工具投资			租赁负债		
其他非流动金融资产	50 000.00		长期应付款		
投资性房地产	500 000.00		预计负债	35 000.00	
固定资产	14 652 069.65		递延收益		
在建工程	358 000.00		递延所得税负债		

续表

资　　产	期末余额	年初余额	负债和所有者权益（或股东权益）	期末余额	年初余额
生产性生物资产			其他非流动负债		
油气资产			非流动负债合计	835 000.0	
使用权资产			负债合计	3 061 143.35	
无形资产	235 500.00		所有者权益（或股东权益）：		
开发支出	62 000.00		实收资本（或股本）	15 500 000.00	
商誉			其他权益工具		
长期待摊费用	615 932.50		其中：优先股		
递延所得税资产			永续债		
其他非流动资产			资本公积	500 000.00	
非流动资产合计	16 948 502.15		减：库存股		
			其他综合收益		
			专项储备		
			盈余公积	865 329.00	
			未分配利润	2 078 580.6	
			所有者权益（或股东权益）合计	18 993 909.60	
资产总计	22 055 052.95		负债和所有者权益（或股东权益）总计	22 055 052.95	

表 A.2 2018 年和 2019 年 1—11 月利润表资料

利 润 表

会企 02 表

编制单位：安徽惠源电子有限公司 年 月 单位：元

项 目	2018 年金额	2019 年 1—11 月金额
一、营业收入	12 008 000.00	11 340 630.00
减：营业成本	7 056 320.00	6 055 030.60
税金及附加	196 532.50	242 761.74
销售费用	605 825.50	650 107.48
管理费用	1 675 900.65	1 611 130.68
研发费用		
财务费用	11 023.50	7 930.40
其中：利息支出		8 290.40
利息收入		9 166.70
加：其他收益		
投资收益（损失以“—”号填列）	65 600.00	8 580.00
其中：对联营企业和合营企业的投资收益	49 500.00	
公允价值变动收益（损失以“—”号填列）	12 000.00	
信用减值损失	43 210.00	
资产减值损失		
资产处置收益（损失以“—”号填列）		
二、营业利润（亏损总额以“—”号填列）	2 496 787.85	2 782 249.10
加：营业外收入	5 000.00	35 000.00
减：营业外支出	63 000.00	128 635.00
其中：非流动资产处置损失	35 640.00	58 000.00
三、利润总额（亏损总额以“—”号填列）	2 438 787.85	2 688 614.10
减：所得税费用	721 356.78	733 135.95
四、净利润（净亏损以“—”号填列）	1 717 431.07	1 955 478.15
（一）持续经营净利润（净亏损以“—”号填列）	1 717 431.07	1 955 478.15
（二）终止经营净利润（净亏损以“—”号填列）		
五、其他综合收益的税后净额		
（一）不能重分类进损益的其他综合收益		
其中：1．重新计量设定受益计划变动额		
2．权益法下不能转损益的其他综合收益		
3．其他权益工具投资公允价值变动		
4．企业自身信用风险公允价值变动		
……		
（二）将重分类进损益的其他综合收益		
其中：1．权益法下可转损益的其他综合收益		
2．其他债权投资公允价值变动		
3．金融资产重分类计入其他综合收益的金额		
4．其他债权投资信用减值准备		
5．现金流量套期准备		
6．外币财务报表折算差额		
……		
六、综合收益总额	1 717 431.07	1 955 478.15
七、每股收益：		
（一）基本每股收益		
（二）稀释每股收益		

表 A.3　2018 年和 2019 年 1—11 月现金流量表资料

现金流量表

编制单位：安徽惠源电子有限公司　　　　年　月　　　　单位：元

项　目	2019 年 1—11 月	2018 年
一、经营活动产生的现金流量：		
销售商品、提供劳务收到的现金	13 845 649.73	13 149 360.00
收到的税费返还		
收到其他与经营活动有关的现金	147 719.08	107 000.00
经营活动现金流入小计	13 993 368.81	13 256 360.00
购买商品、接受劳务支付的现金	5 789 731.84	6 521 861.86
支付给职工以及为职工支付的现金	3 203 954.65	3 247 043.36
支付的各项税费	1 175 545.17	1 135 010.03
支付其他与经营活动有关的现金	1 091 521.22	1 391 403.25
经营活动现金流出小计	11 260 752.88	12 295 318.50
经营活动产生的现金流量净额	2 732 615.93	961 041.50
二、投资活动产生的现金流量：		
收回投资收到的现金		129 675.75
取得投资收益收到的现金	24 675.75	
处置固定资产、无形资产和其他长期资产收回的现金净额		
处置子公司及其他营业单位收到的现金净额		
收到其他与投资活动有关的现金		
投资活动现金流入小计		
购建固定资产、无形资产和其他长期资产支付的现金		
投资支付的现金		
取得子公司及其他营业单位支付的现金净额		
支付其他与投资活动有关的现金		
投资活动现金流出小计	1 027 579.56	958 000.00
投资活动产生的现金流量净额	−1 002 903.81	−828 324.25
三、筹资活动产生的现金流量：		
吸收投资收到的现金		
取得借款收到的现金	200 000.00	400 000.00
收到其他与筹资活动有关的现金		
筹资活动现金流入小计	200 000.00	400 000.00
偿还债务支付的现金	400 000.00	200 000.00
分配股利、利润或偿付利息支付的现金	74 016.67	85 358.00
支付其他与筹资活动有关的现金		
筹资活动现金流出小计	474 016.67	285 358.00
筹资活动产生的现金流量净额	−274 016.67	114 642.00
四、汇率变动对现金及现金等价物的影响		
五、现金及现金等价物净增加额	1 455 695.45	247 359.25
加：期初现金及现金等价物余额	2 103 675.05	1 856 315.80
六、期末现金及现金等价物余额	3 559 370.50	2 103 675.05

举报电话：（010）88254396；（010）88258888

传　　真：（010）88254397

E-mail:　　dbqq@phei.com.cn

通信地址：北京市万寿路 173 信箱

　　　　　电子工业出版社总编办公室

邮　　编：100036